MICHAEL OBERMAYER

Familie im Umbruch

Platons Reformprogramm
und die Gesellschaft des neuen Jahrtausends

Michael Obermayer

FAMILIE IM UMBRUCH

Platons Reformprogramm
und die Gesellschaft des neuen Jahrtausends

ibidem-**Verlag**
Stuttgart

Die Deutsche Bibliothek - CIP-Einheitsaufnahme:

Ein Titeldatensatz für diese Publikation ist bei
Der Deutschen Bibliothek erhältlich

∞

Gedruckt auf alterungsbeständigem, säurefreien Papier
Printed on acid-free paper

ISBN: 3-89821-017-0

Printed in Germany

VORWORT

Die Veränderungen beim partnerschaftlichen Verhalten machen deutlich, daß sich die klassische Familie im Umbruch befindet. Das daraus erwachsende Problem der Kindererziehung bedachte Platon schon vor zweieinhalb Jahrtausenden und bewies darin erstaunliche Aktualität. Seine staatstheoretischen Entwürfe, insbesondere in seiner Schrift *politeia*, werden jedoch in heutiger Zeit allgemein sehr distanziert betrachtet, was zunächst angesichts der historischen Spanne zwischen damaliger und heutiger Gesellschaft auch nicht verwundert. Doch die vorliegende Untersuchung stellt die Frage, ob eine distanzierte und allzu theoretische Betrachtungsweise dem Autor Platon, der einer der prägenden Denker des Abendlandes war, wirklich gerecht werden kann. Es soll gezeigt werden, wie ein mehr an der Praxis orientierter Zugang zu Platons Staatsentwurf der ursprünglichen Intention des Autors neue Aspekte verleiht und für die aktuellen Probleme im Themenkreis der Familie höchst relevant wird.

Für Anregungen zur Platonrezeption danke ich H. Hüni, für die Aspekte zum Philosophischen Feminismus danke ich insbesondere M. Heinz und S. Doyé.

INHALT

1. Einleitung

Gerade das fünfte Buch von Platons *politeia* war im Laufe seiner Rezeptionsgeschichte Ziel der Kritik, da es Details eines Staatsentwurfs zeichnet, die oft für skandalös erachtet wurden. Der Dialog *politeia* zählt zu Platons Reife-Dialogen der mittleren Schaffensperiode. Während das erste Buch noch zu den Frühdialogen gezählt wird, werden die Bücher zwei bis zehn der mittleren Periode zugeordnet. Die drei Hauptpunkte, auf die sich die traditionelle Kritik bezieht, sind für Platons Staatsmodell fundamental und somit keine Einzelaspekte, die gänzlich losgelöst vom gesamten Entwurf betrachtet werden könnten. Allein dies hat oft zum falschen Verständnis des Textes geführt, wenn versucht wurde, den gesamten Staatsentwurf unter Absehung einiger sogenannter Schwächen zu »retten«. Eine speziell begründete Gleichberechtigung der Frau, das Aufgeben privater Familien zugunsten der Frauen- und Kindergemeinschaft und die Erhebung der Philosophen zu den Staatsführern sind die drei Grundsäulen des platonischen Versuchs, den »besten Staat« zu konzipieren. Dabei ist zu beachten, daß schon die Übersetzung des Titels *politeia* als »Staat« nicht korrekt ist, da im wörtlichen Sinn mehr eine »Staatlichkeit« gemeint ist, die den offenen Charakter der Konzeption anzeigt. Zu berücksichtigen ist auch, daß Platon in seinen *nomoi* zwar einige seiner Ansätze aus der *politeia* relativiert, dies aber auch nach vorherrschender Meinung der Forschung keinen Bruch im Denken Platons darstellt. Eher verstärkt sich dadurch der Eindruck, der Entwurf des »besten Staates« sei eben offen und noch in Bewegung zu deuten, was Platons Weise des Philosophierens absolut entspricht, wie noch zu sehen sein wird. Der Aspekt des »Entwurfs in Bewegung« thematisiert auch ein grundlegendes Problem bei der Interpretation Platons. Unklar ist der Grad der Wörtlichkeit, mit dem Platon letztlich verstanden werden darf, differieren die Meinungen der Kritik in diesem Punkt doch erheblich. Angefangen mit der wortwörtlichen Lesart bis hin zur Interpretation auf verschiedenen Ebenen finden sich die unterschiedlichsten Zugänge in der Platonrezeption. Die Frage nach der Ernsthaftigkeit von Platons Ausführungen bezüglich ihrer Durchführung hängt bislang vom verwendeten Interpretationsmodell ab, wie noch genauer deutlich werden wird. Hinsichtlich Platons Selbstverständnis sei hier nur kurz sein berühmter »Siebter Brief« erwähnt, der über einen Versuch berichtet, einige seiner Staatsideen in Sizilien umzusetzen, aber in seiner Echtheit umstritten ist. Platon hat zwar in den Jahren 366 und 361 v. Chr. auf zwei Reisen nach Syrakus den Tyrannen Dionysos II. unterrichtet, fand aber bei der Umsetzung seiner Ideen keinen Erfolg.[1]

Zur Untersuchung der Verfassung des menschlichen Wesens wird von Platon ein Staat skizziert, der als großes Analogon der Seele ihre philosophische Betrachtung erleichtern soll. Der Mensch wird somit auch als Staatswesen thematisiert, da für Platon Philosophie und Staat zusammengehören. Der Staat wird von ihm erstens als vornehmstes Thema der Philosophie begriffen und muß zweitens auch stets zur Philosophie führen, wie die Einsetzung der Philosophen als Leiter des Staates erkennen läßt. Platons *politeia* ist kein machtorientierter Versuch, für die damaligen Philosophen und auch für sich selbst eine politische Herrschaft zu erringen. Im Zusammenhang mit diesem fragwürdigen Vorwurf steht oft die Anklage als totalitäres System, was sich als Fehleinschätzung und offensichtliche Verständnisschwierigkeiten beim Umgang mit Platons Staatsentwurf begreifen läßt. Zudem kommt der Tugend der Gerechtigkeit bei der Frage nach dem »besten Staat« eine Schlüsselposition zu, die den Vorwurf eines quasi diktatorischen Systems von vornherein als deplaziert erscheinen läßt, auch wenn die dort entwickelte Auffassung von Gerechtigkeit anders als die heutige zu charakterisieren ist.

Die vorliegende Untersuchung möchte sich nun speziell mit dem zweiten Vorstoß Platons, der Frauen- und Kindergemeinschaft, beschäftigen. Sein erster Vorstoß der Gleichberechtigung der Frau ist in neuester Zeit besonders von feministischem Interesse. Platon konzipiert die Stellung der Frau als gleichberechtigt gegenüber dem Mann, wobei um Detailfragen dieser Form der Gleichberechtigung gestritten wird. Der Aspekt der Gleichstellung wird im folgenden nur soweit betrachtet, wie es für das hauptsächliche Anliegen nötig erscheint. Inwiefern die Diskussion um die Einschätzung Platons als Feminist für fruchtbar erachtet wird,

[1] Vgl. dazu Thurnher, Rainer: *Der siebte Platonbrief. Versuch einer umfassenden philosophischen Interpretation*. Meisenheim am Glan 1975.

findet ebenso eine Betrachtung wie die generelle Bedeutung der Gleichberechtigung der Frau für die Frauen- und Kindergemeinschaft. Auf Platons dritte fundamentale Konzeption der Philosophen als Könige wird nur am Rande eingegangen, da es den Rahmen der Thematik sprengen würde.

Das Konzept der vorliegenden Untersuchung sieht zur Neubewertung der Frauen- und Kindergemeinschaft aus heutiger Perspektive folgende Schritte vor. Um zunächst ein objektives Bild von dem zu erhalten, was Platon im Einzelnen für die Frauen- und Kindergemeinschaft vorsieht, soll anhand des Textes eine philosophische Darlegung ihrer Struktur geleistet werden. Im Rahmen dieser Darlegung wird auch, wie bereits angedeutet, die Gleichberechtigung der Frau thematisiert. Im nächsten Schritt sollen dann ausgesuchte Positionen der Kritik an Platon durch die späte Tradition Beachtung finden. Es wird versucht, durch exemplarische Stellungnahmen den Grundton der Kritik hörbar zu machen, der immer wieder gegen Platons Konzeption des »besten Staates« angestimmt wurde. Dabei wird deutlich werden, in welchem Maße allein über den Grad des Utopischen in Platons Schrift bei der Kritik Uneinigkeit herrscht. Es verwundert nicht, daß angesichts solch unklarer Verhältnisse beim Grundlegenden hinsichtlich der Einschätzung Platons oft aneinander vorbei geredet wird.

Die Entgegnung und Verteidigung Platons ist in zwei Komplexe eingeteilt. Zum einen erfolgt im ersten Komplex eine werkimmanente Antwort auf die Kritik. Diese soll klären, welche Aspekte bei der Betrachtung eines platonischen Textes sinnvollerweise zu beachten sind, um eine Einschätzung Platons nicht unter falschen Prämissen zu führen. Hier werden die Dialogform und stilistische Mittel literaturwissenschaftlich thematisiert, ohne deren Berücksichtigung eine Interpretation Platons problematisch ist. Zum anderen soll in der werkimmanenten Entgegnung auf philosophische Grundaspekte eingegangen werden. So werden einige Akzente herausgearbeitet, die die Intention des Textes entgegen bestimmter Verdachtsmomente, die durch die Kritik geäußert wurden, klarstellen.

Den zweiten großen Komplex der Antwort auf die Kritik bildet die werktranszendente Entgegnung. Gemäß der vorliegenden Thematik wird sich daran die Neubewertung der Frauen- und Kindergemeinschaft als ein Hauptbestandteil der

Untersuchung anschließen. Dem umfassenden Versuch, Platons Ansätze für die heutige Gesellschaft fruchtbar zu machen, geht zunächst eine Gegenwartsanalyse voraus. Diese wird anhand von Statistiken und Beobachtungen die genaue Relation unserer gegenwärtigen Gesellschaft zu den platonischen Ansätzen herausstellen. Platons Weitblick und Aktualität sind dabei wichtige Ergebnisse, die zu konstatieren sind. Im folgenden findet sich dann der Versuch, aufgrund der gewonnenen Ergebnisse aus Platons Konzept der Frauen- und Kindergemeinschaft den »praxistauglichen« Gehalt herauszuarbeiten. Es wird sich zeigen, inwieweit Platon Lösungsvorschläge für die Problemstellungen der heutigen Gesellschaft liefern kann aufgrund einer gegenwartsorientierten Wendung seines weitsichtigen Ansatzes.

Das Anliegen dieser Untersuchung besteht also darin, Platons Entwurf der Frauen- und Kindergemeinschaft aus heutiger Perspektive neu zu bewerten. Dabei wird ein Verständnis Platons zugrunde gelegt, das sich sowohl auf literaturwissenschaftliche als auch auf hermeneutische Aspekte bezieht. Dabei soll eine Lesart gewonnen werden, die die Intention Platons etwas distanzierter von wörtlicher Bedeutung, historischem Hintergrund oder streng systematischer Einbettung in seine Philosophie sucht. Vielmehr gilt es eine Intention zu entdecken, die sich auf die menschliche Verfassung bezieht, so wie die Untersuchung der menschlichen Seele die Ausführungen über den Staat zur Folge hat. Die menschliche Natur als geschichtliche Konstante bildet dabei den Bogen vom antiken Entwurf zum heutigen Gesellschaftsbild.

Die angestrebte Neubewertung wird sich verstärkt auf gesellschaftliche Praxistauglichkeit beziehen, die unter Einbindung des philosophischen Rahmens stattfindet. Im einzelnen soll gezeigt werden, welche Aspekte der Frauen- und Kindergemeinschaft in der heutigen Zeit konkrete gesellschaftliche Bedeutung haben. Diese Aufgabe bedarf einer ausführlichen Argumentation, die durch die Sichtung aktueller Statistiken und Berichte unterstützt wird. Aus diesem Grund versteht sich die folgende Untersuchung nur sekundär als die Darstellung bisheriger Platoninterpretationen. Sie wird weder einen vollständigen Überblick noch einen detaillierten Rekurs auf die Interpretationen und Ergebnisse zur Philosophie Platons liefern, da dies nicht der Intention des vorliegenden Werks entspricht. Vielmehr soll in einem selbständigen Ansatz die Möglichkeit erarbeitet werden, familienpolitische Aspekte des platonischen Staates mit der Struktur der heutigen Gesellschaft in Verbindung zu bringen. In der Tat werden dabei interdisziplinäre Betrachtungen erfolgen, die über den Rahmen metaphysischer Interpretation hinausgehen. Dies wird vielleicht die notwendige Offenheit und den bereits vorhanden Weitblick der gegenwärtigen Philosophie demonstrieren, die sie eventuell als Antwort auf ihre aus verschiedenen Disziplinen und Richtungen angetragenen Sinn- oder Identitätskrise verstehen mag. Die Bedeutung des platonischen Staatsentwurfs für die Erziehungswissenschaften macht klar, daß eine nähere Beschäftigung mit der Frauen- und Kindergemeinschaft als dem Kernstück der erziehungswissenschaftlich relevanten Ausführungen in der *politeia* Themen der Pädagogik und auch der Soziologie berührt. Um so aspektreicher mag die aus heutiger Sicht angestrebte Neubewertung platonischer Vorstöße und Sichtweisen, die erstaunliche Aktualität beweisen, in dieser Untersuchung gelingen.

2. Philosophische Darlegung der Frauen- und Kindergemeinschaft

2.1. Bedingungen der Staatlichkeit

Wie der Mensch glücklich werden kann, ist die Leitfrage des Gesprächs im platonischen Dialog *politeia*. Sokrates stellt in seiner Erörterung dar, daß die Ungerechtigkeit keineswegs dazu geeignet sei, eudaimonia zu erreichen. Im Gegenteil sei nur die Gerechtigkeit der Weg zur Glückseligkeit, basierend auf einer neu gewonnenen Definition von Glückseligkeit, die von Sokrates entwickelt wird. Mit der Frauen- und Kindergemeinschaft wird deutlich werden, inwiefern Glückseligkeit nach Ansicht von Sokrates neu zu begreifen sei. Außerdem macht Sokrates klar, warum Gerechtigkeit den besten aller Wege zur eudaimonia darstellt. Die Darlegung des *Wesens* der Gerechtigkeit wird also innerhalb der Ausführung vollzogen, wie die von Sokrates staatlich gefaßte Gerechtigkeit zur Glückseligkeit führe. Primär zur Beantwortung der Frage nach dem Wesen der Gerechtigkeit wird Platons Denken politisch, da anhand der parallelen, makroskopischen Struktur eines Staates die seelische Verfassung des Menschen und sein Verhältnis zur Gerechtigkeit untersucht werden soll. Dieser Aspekt wird im dritten Kapitel bei der späteren Betrachtung politisch orientierter Kritik an Platons Staatsmodell noch weitere Beachtung finden. J.F.M. Arends spricht hinsichtlich Platons *politeia* in der bemerkenswerten Studie *Die Einheit der Polis* von 1988 von einer

> heuristischen Funktion: hätte die Frage nach dem Wesen von Gerechtigkeit und nach ihrer Bedeutung für das Erreichen der Eudämonie ohne den »Umweg« über die Gerechtigkeit einer Polis beantwortet werden können, so wäre, scheint es, zur Begründung von Sokrates' Überzeugung ein großer Teil des *Staat* unnötig gewesen.[2]

[2] Arends, J.F.M.: *Die Einheit der Polis. Eine Studie über Platons Staat.* Leiden 1988, Seite XIII.

Nachdem Sokrates also im ersten Buch die Ungerechtigkeit als Weg zur Glückseligkeit abgewiesen hat, beschreibt er im zweiten Buch die Ursachen der Staatsgründung. So fänden sich Viele mit vielen Bedürfnissen zusammen, um sich gegenseitig zu helfen, da sie nicht autark seien:

> Es entsteht also, sprach ich, eine Stadt, wie ich glaube, weil jeder einzelne von uns sich selbst nicht genügt, sondern gar vieles bedarf. ... Auf diese Weise also wenn einer den anderen den zu diesem und den wieder zu jenem Bedürfnis hinzunimmt, und sie so vieler bedürftig auch viele Genossen und Gehülfen an einen Wohnplatz versammeln, ein solches Zusammenwohnen nennen wir Stadt.[3]

Gemäß der Dreiteilung der menschlichen Seele, was im vierten Kapitel nochmals thematisiert wird, gliedere sich der Staat in drei Stände, wie Sokrates ausführt. Dabei entspreche dem Handwerker- und Ernährerstand das Begierdehafte der Seele, dem Wächter- und Erzieherstand das Mutartige und dem Herrscherstand der Philosophen der vernünftige Seelenteil. Sokrates beschreibt die Wichtigkeit des Handels für den entstehenden Stadtstaat und thematisiert die Gefahr der pleonexia: Aufgrund der effizienten Arbeitsteilung entstehe für die Bürger die Verlockung, mehr als das Notwendige zu begehren. Da aber mit maßlosem Begehren stets die Gefahr eines Krieges entstehe, so werde es aufgrund des expandierenden Staates zu Territorialstreitigkeiten mit Nachbarstaaten kommen, könne ein Staat nicht auf bloßen Bedürfnissen aufgebaut werden. Damit wird die Erziehung der Wächter angesprochen, wobei die vier Grundtugenden zu berücksichtigen seien: In der *Weisheit* werde ein weiterführendes Wissen gesucht, das auch zentrales Moment der Gerechtigkeit als philosophische Grundhaltung der Erziehung sei. Mit der *Tapferkeit* bewahrten sich die Wächter ihre durch die Erziehung gewonnene, »richtige« Sicht des Staates. Die *Besonnenheit* garantiere schließlich die Harmonie zwischen den

[3] Platon: *Politeia.* aus: Platon: *Sämtliche Werke*, Band V. Insel: Frankfurt am Main 1991. Nach der Übersetzung von Friedrich Schleiermacher, 369b-c.

einzelnen Ständen. Und die *Gerechtigkeit* sorge für die Einheit des Staates, da Jedem das eigentümlich Seine versichert wird, wie im vierten Kapitel unter dem metaphysischen Fundament zu verdeutlichen ist.

2.2. Weisheitsliebe und Problematik des Themas

Gleich zu Beginn des fünften Buches wird an einigen Stellen darauf hingewiesen, wie wichtig die Frage nach der Organisation des Nachwuchses für einen gelingenden Staat sei. Sokrates beginnt allerdings seine Formulierungen über die Frauen- und Kindergemeinschaft erst nach eindringlichen Bitten seiner zuhörenden Freunde. Da er fürchtet, daß sie seine Ausführungen beleidigen und irritieren könnten, fordert er von ihnen erst das ausdrückliche Einverständnis für seine Rede von »solchen Dingen, wo man am wenigsten sollte fehlgetreten haben«.[4] Diese einleitenden Worte zu Beginn des fünften Buches deuten schon an, daß die Thematik der heranwachsenden Generation und ihrer Erziehung vielleicht sogar den brisantesten und wichtigsten Faktor im ganzen Staatsentwurf darstellt:

> Denn wir haben schon lange darauf gewartet, in der Meinung du werdest irgendwo der Kindererzeugung erwähnen, wie sie soll betrieben und wie die Erzeugten aufgezogen werden, und dieser gesamten Gemeinschaft, deren du erwähntest, der Weiber und Kinder. Denn wir denken, daß dies gar vieles, ja wohl alles ausmache für den Staat, je nachdem es richtig oder nicht richtig geschieht.[5]

Wenngleich die Zuhörer ihre Einschätzung des Nachwuchses als zentral für den Staat an dieser Stelle nicht näher begründen, betonen sie auch im folgenden die Problematik dieses Aspektes. Ihrer Ansicht nach ist die Erziehung der Kinder nicht

[4] *politeia*, 451a.
[5] *politeia*, 449d1.

nur ausschlaggebend für das Gelingen des Staates, sondern auch sehr schwierig. Sie fordern deswegen Sokrates auf, besonders die Zeit kurz nach der Geburt der Kinder innerhalb seines Staatsentwurfs näher zu skizzieren:

> ... das wonach wir dich fragen [ist ...], welches denn [das Vernünftige] für unsere Hüter die Gemeinschaft der Weiber und Kinder sein soll, und der Pflege in ihrer ersten Kindheit während der Zeit zwischen der Geburt und der eigentlichen Erziehung, welche ja die mühvollste zu sein scheint.[6]

[6] *politeia*, 450c1.

2.3. Gleichstellung der Frau

Nach den einleitenden Worten, die die Bedeutung der Themen Nachwuchs und Erziehung für den Staat und deren allgemeine Brisanz klarmachten, fährt Sokrates mit seinen Darlegungen fort. Bevor er die Frauen- und Kindergemeinschaft näher ausführt, beleuchtet er die generelle Position der Frau in seinem Staat. Er verweist darauf, daß sich seine folgenden Ausführungen nur konsequent an das bisher Gesagte anschließen, und sich somit stimmig und plausibel in das bislang errichtete Gedankengebäude einfügen:

> Denn für Menschen, welche so geboren und erzogen sind, wie wir es beschrieben haben, gibt es meiner Meinung nach keine andere richtige Art zu Weibern und Kindern zu gelangen und mit ihnen umzugehn, als indem sie in der Bahn fortschreiten, welche wir zuerst betreten haben.[7]

Der ursprünglichen Motivation zur Staatsbildung entsprechend müßten Rechte und Pflichten der Frau bestimmt sein. Wird der Gedanke einer gemeinschaftlichen Teilung der Arbeit zur effizienteren Organisation des täglichen Lebens dem angedachten staatlichen Gebilde zugrunde gelegt, ergibt sich daraus für Sokrates auch die Beteiligung der Frau an den Rechten und Pflichten der Wächter. Und dies bedeutet für ihn eine zunächst formal gleichberechtigte Position der Frau. Sollen Frauen aber auch an der Aufgabe der Wächter des Staatsschutzes beteiligt werden, benötigen sie die gleiche Ausbildung:

> Wenn wir also die Weiber zu demselben gebrauchen wollen wie die Männer: so müssen wir sie auch dasselbe lehren ... Auch den Weibern

[7] *politeia*, 451c2.

müssen wir also diese beiden Künste [Musik und Gymnastik] und die Kriegsübungen zuteilen und eben so mit ihnen verfahren.[8]

Das gleiche Argument, von dem die Gleichstellung der Frau im Staatsentwurf von Sokrates getragen wird, bietet allerdings auch einen möglichen Einwand gegen die Gleichstellung der Frau. Dem Gedanken der Arbeitsteilung liegt natürlich die Bedingung zugrunde, daß jeder im Staat die Aufgabe übernimmt, die er kraft der Natur seines Wesens am besten beherrscht. Damit stellt sich aber die Frage, inwieweit sich die Natur der Frau nicht nur bei Aufgaben der Wächter, sondern generell bei Tätigkeiten bewährt, die traditionell nur vom männlichen Geschlecht ausgeübt werden. Der in der heutigen Diskussion mit »Biologismus« thematisierte Standpunkt, daß die Natur der Frau prinzipiell von der des Mannes verschieden sei, bedeutet also für den Staatsentwurf den Einwand, daß die Natur der Frau andere Aufgaben als die der Wächter, oder allgemeiner, als die des Mannes bedinge. Diesen Einwand gilt es für Sokrates zu klären, bevor er mit seinen Ausführungen zur Frauen- und Kindergemeinschaft fortfahren kann:

> Unterscheidet sich nun nicht etwa gar sehr das Weib von dem Manne ihrer Natur nach? – Wie sollte sie sich nicht unterscheiden! – Ziemt sich also nicht auch jedem von beiden ein anderes Geschäft aufzulegen, das seiner Natur gemäße? [9]

Sokrates zeigt, daß sich die Annahme der natürlichen Verschiedenheit von Mann und Frau ursprünglich auf die Fähigkeiten des Zeugens und Gebärens bezieht.[10] Diese Unterschiedenheit würde jedoch durch sprachliche Ungenauigkeit zu sehr verallgemeinert und fälschlicherweise zur generellen erhoben. Auch dieser Standpunkt, der in der heutigen Diskussion als »kulturell erzeugte Geschlechterdifferenz« bezeichnet

[8] *politeia*, 451e3.
[9] *politeia*, 453b5.
[10] *politeia*, 454d5.

wird, wird hier schon von Sokrates berücksichtigt. Mit dem idealistischen Verweis, von den bloßen »Worten« abzusehen und die »Sache selbst« zu betrachten[11], fährt Sokrates fort. Seine Lösung des scheinbaren Widerspruchs, der Frau Aufgaben zuteilen zu wollen, zu denen sie gar nicht befähigt erscheint, besteht jedoch nicht darin, die Differenz von Mann und Frau zu leugnen. Vielmehr zeigt er, bei welchen Aspekten sich eine Differenz konstatieren läßt und bei welchen nicht. Im Resultat bescheinigt Sokrates Mann und Frau die gleichen Fähigkeiten. Und wie bei der individuellen Talentierung eines jeden Menschen gebe es lediglich Unterschiede im Grad der Ausprägung zwischen Mann und Frau:

> Also, o Freund, gibt es gar kein Geschäft, von allen durch die der Staat besteht, welches dem Weibe als Weib oder dem Manne als Mann angehörte, sondern die natürlichen Anlagen sind auf ähnliche Weise in beiden verteilt, und an allen Geschäften kann das Weib teilnehmen ihrer Natur nach, wie der Mann an allen; in allen aber ist das Weib schwächer als der Mann.[12]

Da Mann und Frau keine wesenhafte Differenz unterscheidet, können sie im Staat die gleichen Aufgaben übernehmen. Dies bedeutet auch, daß Mann und Frau die gleiche Erziehung erfahren müssen, die im besonderen aus Musik und Gymnastik besteht.[13] Und diese Übungen sollen, auch im Sinne der Gleichstellung, von Männern und Frauen gemeinsam und unbekleidet durchgeführt werden, da die Erfahrung gezeigt habe, daß dies die beste Weise des Trainings sei.[14] Eine reife Geisteshaltung der an den Übungen Beteiligten sorge dafür, daß sie mit Ernst bei der Sache seien.[15] Da schließlich der Wächterstand spezielle Fähigkeiten erfordert, so auch kriegerisches Geschick, sei es weiterhin nur sinnvoll zu nennen, wenn sich besonders talentierte

[11] *politeia*, 454a1.
[12] *politeia*, 455d3.
[13] *politeia*, 456e4.
[14] *politeia*, 452d2.
[15] *politeia*, 457b2.

Männer mit ebenso talentierten Frauen paarten. Bestimmte Partner müßten also füreinander bestimmt werden, was dazu diene, die idealen Verbindungen nicht dem Zufall zu überlassen.[16] Mit diesen Andeutungen zur Zeugung der Kinder geht Sokrates schließlich dazu über, die Frauen- und Kindergemeinschaft näher zu skizzieren.

[16] *politeia*, 456b1.

2.4. Die Frauen- und Kindergemeinschaft

So wie sich die Menschen bestimmte Arbeiten im Staat aufgrund ihrer verschiedenartigen Talente teilen und damit am Staat als Ganzes teilhaben, bestimmt der Grundgedanke des Teilens auch das Leben der Wächter. Dieser Konsequenz folgend scheut Sokrates auch nicht, an seine bisherigen Ausführungen über den Staat mit einer Skizze über das Leben mit den Frauen und Kindern anzuknüpfen, die von den Zuhörern als noch unglaublicher als das zuerst Gesagte empfunden wird. Ist der Gedanke der Arbeitsteilung noch als »Aufteilung« zu verstehen, ist die Gleichstellung der Frau eine »Teilhabe« an den Rechten und Pflichten des Mannes. Dieselbe Teilhabe solle nun für die männlichen Wächter im Hinblick auf Frauen und Kinder gelten. Es dürften keine festen Paare existieren, die Kinder zeugten oder feste Lebensgemeinschaften bildeten, vielmehr hätten alle Männer an allen Frauen und Kinder in gleicher Weise teil:

> Mit dem übrigen vorhergegangenen hängt meiner Meinung nach zusammen folgende Einrichtung. ... Daß diese Weiber alle allen diesen Männern gemein seien, keine aber irgend einem eigentümlich beiwohne, und so auch die Kinder gemein, so daß weder ein Vater sein Kind kenne, noch auch ein Kind seinen Vater.[17]

Im Rahmen dieses gemeinsamen Zusammenlebens von Männern und Frauen, in dem »keiner etwas der Art für sich allein besitzt«[18], müsse der natürliche Trieb zur Fortpflanzung in der Weise geleitet werden, daß nur zu bestimmten Zeitpunkten und unter Berücksichtigung bestimmter Bedingungen Kinder gezeugt werden dürften. Sokrates führt aus, daß sich auf diesen vorgesehenen »Hochzeiten« ganz »geometrisch« nur im Hinblick auf Alter und Talente gleichstehende Partner vereinigen dürften, damit die Talente der Fähigeren nicht vergeudet würden:

[17] *politeia*, 457d1.
[18] *politeia*, 458c4.

> Nach dem eingestandenen sollte jeder trefflichste der trefflichsten am meisten beiwohnen, die schlechtesten aber den eben solchen umgekehrt; ... wenn uns die Herde edel bleiben soll.[19] ... Die der guten nun, denke ich, tragen sie in das Säugehaus zu Wärterinnen, ..., die der schlechten aber werden sie, wie es sich ziemt, in einem unzugänglichen und unbekannten Orte verbergen.[20]

Dies alles habe nach Sokrates zum Ziel, daß sich die Fähigsten von Generation zu Generation weiterentwickelten und immer fähiger würden[21], was an mehreren Punkten seiner Ausführungen deutlich wird. Die Oberen des Staates müßten also zum einen dafür sorgen, daß die Nachkommen der weniger Fähigen von denen der Fähigeren getrennt würden. Zum anderen müsse die bewußte Zusammenstellung der Partner wie ein Losentscheid aussehen, um den verschieden Fähigen keinen Grund zu Unzufriedenheit den Oberen gegenüber zu liefern.[22] Schließlich sei auch noch daran zu denken, für die Fähigsten häufiger Hochzeiten durchzuführen als für die anderen, aber alles in allem so, daß der Staat in seiner Einwohnerzahl konstant bleibe.

Im Hinblick auf die Zeit kurz nach der Geburt gelte es nun folgendes zu beachten. Die Mütter begäben sich zwar zum Stillen in die dafür vorgesehenen Einrichtungen, dürften aber ihre Kinder nicht erkennen, um dem bereits angesprochenen Konzept zu entsprechen, daß Frauen und Kinder allen Männern gemeinsam seien. Was den Zuhörer Glaukon diesmal jedoch mehr angenehm überrascht als irritiert, ist, daß die Mütter dafür von der anfallenden Pflege der Kinder befreit sein sollen, da diese Aufgabe von Kinderfrauen zu übernehmen sei:

> Die Nachtwachen aber und die übrige beschwerliche Pflege werden sie Wärterinnen und Kinderfrauen auftragen. – Gar große Bequemlichkeit des

[19] *politeia*, 459d5.
[20] *politeia*, 460c1.
[21] *politeia*, 459b8.
[22] *politeia*, 460a3.

> Gebärens, sagte er, bereitest du ja den Frauen der Hüter. – Das gebührt sich auch, sprach ich.[23]

Als ideales Alter für die Kindererzeugung nennt Sokrates für die Frau den Zeitraum zwischen dem zwanzigsten und vierzigsten Lebensjahr, der Mann solle bis zum fünfundfünfzigsten Lebensjahr Kinder zeugen. Sollte ein Kind nicht im Rahmen einer organisierten Hochzeit gezeugt worden sein, so sei es vom Staat zu ächten.[24] Ebenso angenehm überrascht wie von der Entlastung der Mütter von der Pflege zeigt sich Glaukon von der Regelung, daß Frauen und Männer nach dem vorgesehenen Zeitraum ihres Zeugungsdienstes für den Staat nach Belieben Beziehungen eingehen dürfen unter der Voraussetzung, keine Kinder zu zeugen. Weiterhin hätten diese zu beachten, sich keine Partner aus denjenigen Generationen zu suchen, die aus ihren ehemaligen Zeugungszyklen entstanden, da sämtliche Nachfahren, die aus diesen hervorgegangenen sind, ihre Kinder zu nennen seien. Ein Zeugungszyklus umfasse bestimmte Monate eines Jahres und insofern seien auch alle diese Kinder, wenngleich von verschiedenen leiblichen Eltern, Brüder und Schwestern zu nennen und dazu berechtigt, weitere Kinder zu zeugen. Sokrates fügt an, daß leibliche Geschwister auch zur Kinderzeugung berechtigt seien, wenn es sich eben so ergebe. Dies alles sorge schließlich dafür, daß der Staat nicht aus vielen einzelnen, sondern aus einer großen Familie bestehe:

> Alle diese soll er die männlichen Söhne und weiblichen Töchter nennen, und sie ihn Vater, und so auch die Kinder von diesen Enkel und sie ihn Großvater und so auch Großmutter, und die in der Zeit geborenen, in der ihre Väter und Mütter noch fruchtbar waren, Brüder und Schwestern.[25]

Im Entwurf einer einzigen großen Familie statt vieler einzelner zeigt sich ein grundlegendes Konzept des vorliegenden Staatsmodells. Geleitet vom typischen

[23] *politeia*, 460d1.
[24] *politeia*, 461b3.
[25] *politeia*, 461d2.

Begriffspaar des sokratischen Philosophierens, »Einheit« und »Vielheit«, kommt hier der Einheitsgedanke zum Tragen. Warum Sokrates den Einheitsgedanken prinzipiell so wichtig für den Staat erachtet, begründet er dann im folgenden. Für ihn zeichnet sich ein Staat gerade dadurch aus, daß er eine durch und durch gewachsene und in sich zusammenhängende Einheit darstellt. Er ist weniger ein bloßer Rahmen für das Nebeneinanderleben Einzelner, sondern schon durch den Gedanken seiner Gründung ein funktional ineinander greifendes Gebilde. Der Vergleich zwischen der Verfaßtheit des Menschen, einer gewachsenen Einheit, und dem Aufbau eines Staates als Motivation der Untersuchung *politeia* macht dies ja schon deutlich. Für Sokrates bestehe im Staat eine Einheit der »Befindlichkeit«. So wie ein wunder Finger dem ganzen Menschen Schmerzen bereite, müsse der Staat am Leid des Einzelnen teilhaben.[26] Die Phänomene »Lust« und »Unlust« seien am stärksten in der Lage, die Bürger zu einen oder zu entzweien, wenn nicht alle diese Empfindungen gleichermaßen teilten. Genauso wenig wie Lust und Unlust voneinander getrennt sein dürften, sei mit generellem Besitz zu verfahren:

> Dagegen die Sonderung in dergleichen löset [die Einheit] auf, wenn einige tief betrübt und andere hoch erfreut werden über dieselben Ereignisse des Staates ... Entsteht nun dergleichen nicht etwa daraus, wenn die im Staat solcherlei Worte nicht zugleich aussprechen, wie *mein* und *nicht mein*? ... Offenbar freilich.[27]

Aufgrund der besonderen Organisation der Nachkommenschaft durch die Frauen- und Kindergemeinschaft gebe es so auch keine »Fremden« im Staat, da ja alle in gewisser Weise verwandt seien. Und dies wirke sich positiv auf das Verhältnis von Volk und Obrigkeit aus, da sich gerade diese in anderen Staatssystemen am meisten fremd seien.[28] Sokrates betont, daß also die Verwandtschaft aller nicht nur dem Namen nach gelte, sondern auch in Bezug auf das Handeln. Die Bürger gleicher

[26] *politeia*, 462e1.
[27] *politeia*, 462b3.
[28] *politeia*, 463c1.

Generationen hätten sich wie Brüder und Schwestern zu verhalten, diejenigen verschiedener Generationen wie Eltern und Kinder, was Tugenden wie Respekt und Gehorsam zwischen ihnen erhalte.[29]

Nach der prinzipiellen Erörterung des Einheitsgedankens geht Sokrates dann auf dessen Bedeutung für das Materielle ein. Lust und Unlust seien auch in Bezug auf generellen Besitz von allen Bürgern gleichermaßen zu teilen. Wie bereits an früheren Stellen der *politeia* dargestellt, sieht Sokrates für seinen Staat den Verzicht auf Privatbesitz vor. Dieser entfache nur Neid und Streit zwischen den Bürgern, was durch die Aufgabe von Privatbesitz gelöst werden könne:

> Wird nicht Rechtsstreit und Klage ganz verschwunden sein unter ihnen um es kurz zusammenzufassen, weil keiner etwas eignes hat außer seinem Leibe, alles andere aber gemeinsam ist? Woraus denn folgt, daß keine Zwietracht unter diesen Statt findet, soweit aus Veranlassung des Vermögens der Kinder und Verwandten den Menschen Zwietracht entsteht?[30]

Auch dem Streit durch andere Ursachen wirke das Konzept der Frauen- und Kindergemeinschaft entgegen. Gleichaltrige zögerten, sich gegen sich zu wenden, da sie durch die gemeinsamen Leibesübungen zum Zusammenhalt erzogen seien. Im Streitfall zwischen Angehörigen verschiedener Generationen sei zu beachten, daß die Älteren per Gesetz den Jüngeren vorstünden, was den Jüngeren jegliche Gewalt gegen die Älteren verbiete.[31] Und wie bereits erwähnt, stünden die Tugenden Respekt und Ehrfurcht den Älteren bei. Und die Jüngeren zögerten, sich gegen ihre Eltern zu wenden, auch aus Furcht vor dem Beistand, den die Älteren im Streitfall durch viele andere Bürger auf ihrer Seite hätten. So sei der Staat von großer Harmonie bestimmt, die den Wächtern ein glückliches Leben bereite.[32] Sokrates stellt den erreichten Glückszustand sogar über den eines »olympischen Siegers«. Dieses Bild hat in der

[29] *politeia*, 463d1.
[30] *politeia*, 464d3.
[31] *politeia*, 464e3f.
[32] *politeia*, 465d2.

antiken Philosophie Tradition, wird doch schon von Pythagoras berichtet, wie er den Zustand des Philosophierenden mit dem der Akteure bei den olympischen Sportveranstaltungen vergleiche. Aber der Sieg im erreichten Glück innerhalb dieses Staatsmodells übertreffe an Stellenwert den beim olympischen Fest bei weitem. Denn zum einen sei es, quasi im utilitaristischen Sinn, ein Sieg für den ganzen Staat, zum anderen bescherten die Frauen- und Kindergemeinschaft und der Verzicht auf Privatbesitz jedem ein gänzlich von materiellen Sorgen befreites Leben:

> Denn der letzteren Sieg ist schöner, und auch ihr Unterhalt aus dem gemeinen Wesen ist reichlicher. Der Sieg nämlich, den sie erringen, ist das Heil des gesamten Staates, und mit Unterhalt und allem was das Leben bedarf, werden sie und ihre Kinder gekrönt und haben dies zum Geschenk von ihrem Staat, so lange sie leben.[33]

Zum Abschluß seiner Ausführungen über die Frauen- und Kindergemeinschaft und darüber, was sie alles im Staat vermöge, betont Sokrates nochmals die Wichtigkeit der Gleichberechtigung der Frau. Ihre Gleichstellung zum Mann ermögliche erst das Konzept der Frauen- und Kindergemeinschaft und alle daraus entspringenden und von Sokrates als Vorteile bewerteten Verhältnisse. Damit erscheint auch die vorgenommene »Gleichberechtigung der Frau« als das zentrale Thema für den Entwurf der Frauen- und Kindergemeinschaft. Sokrates schließt seine grundlegenden Betrachtungen dazu mit den Worten:

> Du räumst also ein, ... daß die Frauen auf die beschriebene Art der Männer Genossen sein sollen beim Unterricht und in der Kindererzeugung und Obhut über die übrigen Bürger ... und sich den Männern in allen Dingen auf alle Weise nach Vermögen zugesellen, und daß sie so handelnd aufs beste handeln werden und nicht gegen die Natur des weiblichen Geschlechts in Bezug auf das männliche.[34]

[33] *politeia*, 465d4.
[34] *politeia*, 466c3.

3. Rezeption und Kritik durch die späte Tradition

3.1. Positionen der Platonforschung im 20. Jahrhundert

Wie sich im Verlauf der vorliegenden Untersuchung zeigen wird, ist in wenigen Fällen das Verständnis eines Textes so sehr von der Interpretation abhängig wie bei Platons *politeia*, insbesondere was die drei Vorstöße Platons im fünften Buch angeht. Ist Platon generell der Philosoph, dessen Stil durch die berühmte Opposition von Dichterkritik einerseits und seinen eigenen Dichterstatus andererseits charakterisiert ist, erschweren die ungewöhnlich erscheinenden Vorhaben in seinem Staatskonzept das Verständnis noch zusätzlich. Der Bedeutung formaler Aspekte für das Verständnis seiner Ausführungen wird im vierten Kapitel notwendigerweise entsprochen, obwohl einige Interpretationen ohne eine Betrachtung der Rahmenparameter oder philosophischer Zusammenhänge auszukommen glauben, wie noch zu sehen sein wird. Die Wichtigkeit einer ausgedehnten Interpretationsumgebung betonte im besonderen auch Konrad Gaiser, der in seinem 1969 erschienenen Sammelband *Das Platonbild* zehn Beiträge zum Platonverständnis nebeneinander stellte, um die Vielzahl von Aspekten beim Versuch eines Platonverständnisses zu beleuchten.[35] Im Hinblick auf das schriftstellerische Verdienst Platons, auf das später genauer eingegangen wird, beschäftigte sich auch Karl Friedrich Hermann mit Platons Motiven der Schriftstellerei. Seiner Einschätzung nach nimmt dieser Aspekt eine zentrale Position bei jeglichem Interpretationsansatz ein:

> Zu den wichtigsten Fragen, die sich bei genauerer Beschäftigung mit platonischer Kunst und Weisheit aufdrängen, gehört die nach den Zwecken, welche Plato bei seiner reichen und mannigfachen schriftstellerischen Thätigkeit verfolgt habe.[36]

[35] Gaiser, Konrad (Hrsg.): *Das Platonbild. Zehn Beiträge zum Platonverständnis*. Hildesheim 1969.

[36] Hermann, Karl Friedrich: »Über Plato's schriftstellerische Motive«. In: Gaiser: *Das Platonbild*, Seite 33.

Neben der Beleuchtung schriftstellerischer Aspekte, die auch Form und Intention der Dialoge betrifft,[37] ist auch die Einordnung in den Rahmen von Platons Philosophie von Bedeutung, wenn ein umfassendes Verständnis seiner Texte geleistet werden soll. Die Problematik der philosophischen Zusammenhänge bei Platon beschreibt Paul Natorp mit den Worten:

> So wenig wie die Schriften Platons nach *einem* Plane entworfen oder in *einem* Stil abgefaßt sind, so wenig wollen die darin niedergelegten philosophischen Gedanken sich in ein System zusammenschließen, wenn man darunter einen Inbegriff feststehender Sätze in ebenso festem logischen Gefüge versteht.[38]

Schriftstellerische und metaphysische Aspekte bilden den Hintergrund, vor dem Platons Programm des »besten Staates« zu sehen ist. Und dieser wird vorrangig durch erzieherische und leitende Aspekte bestimmt, was die Einrichtungen eines expliziten Erzieherstandes und weisheitsliebender Führer im Staat belegen. Im besonderen beschäftigten sich Werner Jaeger und Julius Stenzel mit dem Staatskonzept bei Platon, gerade im Hinblick auf die Fragen der platonischen Erziehung. Stenzel hat schon in seiner Untersuchung *Platon – der Erzieher*, die bereits 1928 zum ersten Mal erschienen ist, einen Aspekt relativiert, der im Feminismus, wie noch zu sehen, einen der Hauptdiskussionspunkte darstellt. Die Frage nach der Rolle des Individuums in Platons Staat beantwortet Stenzel in der Formel:

> Für ihn [Platon] ist der Sinn aller Erziehung, die tatsächliche Ungleichheit der Menschen als Individuen und die notwendige Ungleichheit der mit dem Staate gestellten Aufgaben in ein solches Verhältnis zueinander zu setzen, daß wahre Gleichheit erreicht wird.[39]

[37] vgl. dazu auch Gaiser, Konrad: *Protreptik und Paränese bei Platon*. Stuttgart 1959.
[38] Natorp, Paul: »Genesis der platonischen Philosophie«. In: Gaiser: *Das Platonbild*, Seite 58.
[39] Stenzel, Julius: *Platon – der Erzieher*. Darmstadt 1961, Seite 120.

Doch neben der Position des Individuums im Staat, die in der Rezeption ganz unterschiedlich bewertet wurde, ist die Frage nach der Realisierbarkeit des platonischen Staatsentwurfs ein zentrales Thema. Fraglich ist, inwieweit sich Platon bei seinem Konzept auf eine reale Umsetzbarkeit bezog, und wie es um diese bestellt ist. Auch hierüber kann keine Einigkeit herrschen, da manche Interpretationen bestimmte Aspekte des generellen Platonverständnisses einfach ausblenden. Im Hinblick darauf charakterisiert Hans Herter den platonischen Staat als eine Ordnung,

> der man nicht gerecht werden kann, wenn man sie nur vom realistischen Standpunkt aus beurteilt. ... [Es] zeigt sich ja, daß die modernen Kritiker von den eigenen Erfahrungen und Zeitumständen auszugehen und sich in Einzelanstößen zu verlieren pflegen, denen man leicht ebenso viele Treffer entgegenstellen könnte.[40]

Großen Anstoß nimmt die Kritik auch an Platons Ständeordnung, die, wie Herter bereits treffend bemerkte, oft aus der singulären Perspektive eines einzelnen Standes beurteilt wird. Das quasi funktionale Zusammenhängen der einzelnen sogenannten Stände und ihre gemeinsame Ausrichtung auf die Einheit der Polis darf jedoch nicht übersehen werden; genauso wie die Staatsbildung aus menschlichen Bedürfnissen heraus. Auch Hans-Ulrich Baumgarten erinnert deswegen in seiner Analyse der *Handlungstheorie bei Platon* an die anthropologische Fundierung des Staates und formuliert:

> Dieses menschliche Leben ist geprägt durch ständige Bedürfnisse, die für Platon den eigentlichen Ursprung des Staates bilden. ... Die menschlichen Neigungen und Triebe gewinnen nun in der *politeia* einen bedeutenderen Stellenwert im Denken Platons.[41]

[40] Herter, Hans: *Kleine Schriften.* München 1975, Seite 262.
[41] Baumgarten, Hans-Ulrich: *Handlungstheorie bei Platon.* Stuttgart 1998, Seite 149.

Inwiefern Platon menschliche Bedürfnisse mit der Frauen- und Kindergemeinschaft berücksichtigt, wird besonders im sechsten Kapitel noch erläutert werden. Daß die Einschätzung dieser Einrichtung im platonischen Staat in der Kritik unterschiedliche Positionen hervorruft, zeigen folgende exemplarische Betrachtungen.

3.2. Totalitarismus-Vorwurf durch Karl Popper

Einer der wichtigsten Philosophen dieses Jahrhunderts auch für die Platon-Rezeption war Karl Popper, der durch seine tiefgreifende Kritik an Platon indirekt die Aufforderung aussprach, sich erneut mit den platonischen Ansätzen zu beschäftigen. Daß das Ergebnis dieser erneuten Beschäftigung nicht selbstverständlich negativ für Platon ausfallen muß, mag Popper zwar nicht entsprechen, dies beweisen jedoch allein die Berührungspunkte, die der Feminismus bei Platon zu sehen glaubt, wie noch erläutert wird. Karl Popper nahm bis 1937 an den Diskussionen des Wiener Kreises teil, bis er dann vor den Nationalsozialisten zunächst nach Neuseeland floh und 1945 nach Großbritannien zog. Neben seinem Falsifikationsmodell für die Erkenntnistheorie entwickelte Popper im Bereich der Politik das Modell der offenen Gesellschaft, das sich gegen die traditionelle Linie der Philosophen Platon, Hegel und Marx richtete. Konsequenterweise, so hat es den Anschein, führt Popper gegen die gesellschaftlichen Vorstöße Platons genau das ins Feld, was er schon in seiner Wissenschaftskritik formulierte. Demnach ist zur wissenschaftlichen Theoriebildung jede These auf die Möglichkeit ihrer Falsifizierung durch Gegenbeispiele zu prüfen, und im Falle ihrer Widerlegung zu verwerfen. Popper beschreibt, wie seine an der Praxistauglichkeit orientierten Kritik an Platons Staatsentwurf jedoch unter dem Eindruck der Nationalsozialisten stand. Im Vorwort seines Werks *Der Zauber Platons*, das seine Niederschrift in den Jahren 1938 bis 1943 fand, gibt Popper zu, daß er seine Kritik als teilweise zu hart und in ihrer Form als zeitbedingt einschätzt:

> Der Umstand, das der größte Teil während jener schweren Jahre geschrieben wurde, wo der Ausgang des Krieges ungewiß war, mag vielleicht erklären, warum mir heute manche meiner kritischen Bemerkungen emotionaler und in der Formulierung härter erscheinen, als ich es jetzt wünschte.[42]

[42] Popper, Karl: *Der Zauber Platons*. Bern 1957, Seite 6.

Popper muß in seiner Untersuchung zunächst eingestehen, daß die Größe des Soziologen Platon in der »Detailiertheit seiner Beobachtungen«[43] liegt, und attestiert Platon einen gesellschaftlichen Weitblick, denn »er sah Dinge, die man vor ihm nicht gesehen hatte.«[44] Trotz seiner schätzenden Worte setzt Popper im folgenden zum Vorwurf des Totalitarismus gegenüber Platon an. Genau wie später bei Marx sei die Geschichte für Platon von sozialem Verfall geprägt.[45] Stärkste Kraft dieses Verfalls sei die Selbstsucht, basierend auf ökonomischem oder materiellem Selbstinteresse. Der Verfall drücke sich durch die Degeneration der politischen Verfassungen aus, worin Popper bei Platon einen »Historizismus« ausmacht. In der Tat beschreibt Platon in der *politeia* die vier Staatsformen der Timokratie, Oligarchie, Demokratie und Tyrannei, und wie sie ineinander übergehen.[46] Die am wenigsten vom »besten Staat« abweichende Staatsform sei die Timokratie. Diese könne als die Herrschaft der ehrgeizigen Edelleute aufgefaßt werden, die sich in der Oligarchie aufgrund des Konflikts von Geld und Tugend entzweien. In diesem Klima einer bürgerkriegsähnlichen Spannung und weiterer Klassenbildung komme es zur Demokratie, in der die ärmeren Klassen verlorengegangene politische Macht zu restaurieren versuchten. Schließlich gelinge es einem starken Mann des Volkes, zum Fürsprecher der Freiheit und zur Führerfigur zu werden. Durch die persönliche Gier nach Macht verkehre er allerdings durch die Bildung einer Privatarmee den Kampf für die Freiheit in die Unterdrückung des Volkes, womit der Zustand der Tyrannei erreicht sei. Popper stürzt sich bei dieser platonischen Stufenfolge auf die Beschreibung und Position der Demokratie. Ihre Nähe zur Diktatur mußte bei dem unter dem Eindruck des Nationalsozialismus stehenden Popper zu einem zentralen Kritikpunkt werden, zu sehr war Popper auf das politische Raster fixiert, in das er Platon einordnete, daß er andere Aspekte der *politeia* hätte vernehmen können. Laut Popper habe Platon auch das »soziologische Gesetz« entdeckt, wonach innenpolitische Uneinigkeiten und

[43] Popper: *Der Zauber Platons*, Seite 68.
[44] ebenda.
[45] ebenda, Seite 70.
[46] vgl. *politeia*, 544c.

Klassenkampf die Triebkraft aller politischen Revolutionen seien.[47] Platon begreife die Gesellschaft als Patient, den es zu heilen gelte, da es ihm nicht darum gegangen sei, einen neuen Staat zu entwerfen. Vielmehr habe Platon im Blick gehabt, einen vergangenen Staat, den »Vater des spartanischen Staates« wiederherzustellen.[48] Dies beweise eben die oben dargestellte Stufenfolge der Staatsformen, die sich immer mehr vom »besten Staat« entfernten. Poppers Hauptvorwurf zielt dabei auf die Existenz von Klassen und die eingeschränkte Freiheit, insbesondere auf die »stillschweigende« Beibehaltung von Sklaven. Auch hinsichtlich Platons erzieherisches Programm sieht Popper die primäre Ausrichtung auf die Klassenstruktur und das Prinzip des Beherrschens. Das Aufheben der Familie und die spezielle Erziehung der jungen Wächter dienten nur dem Ausbau des Herrscherprinzips und der Unterwerfung.

Poppers Stellung und Angriffspunkte sind damit klar. Er geht absolut davon aus, daß Platons Entwurf ein konkretes politisches Programm sei, welches zur Durchführung vorgesehen war. Dabei hebt er in der platonischen Staatskonzeption genau jene Punkte hervor, die in der Tat problematisch sind. Sklaven und Klassengesellschaft können bei einer positiv gesinnten Neubewertung von Platons Staat keinem Beitrag leisten. Popper übersieht jedoch, daß Platon erklärtermaßen den ganzen Staat als gelingenden im Blick hatte und nicht auf den Machtausbau einer herrschenden Klasse fixiert war. Und dies ist nicht einfach eine Frage der Intention des Textes, sondern berührt viele weitere Aspekte mehr, wie noch zu sehen sein wird. So sind die familienpolitischen Vorstöße weniger das Mittel zum Zweck einer machthungrigen Herrscherklasse. Vielmehr beinhalten sie Lösungsvorschläge, um den staatstechnischen Fragen und Problemen, die sich aus der menschlichen Natur ergeben, zu begegnen, was im fünften Kapitel erläutert wird. Um so bedauerlicher ist es, bei Popper keinen tieferen Rekurs auf die positiven Möglichkeiten zu finden, die sich durch den Familienkommunismus und durch die Gleichberechtigung von Mann und Frau aufzeigen lassen.

[47] Popper: *Der Zauber Platons*, Seite 78.
[48] ebenda.

3.3. Der platonische Staat als Utopie

Poppers Zugang zu Platons Entwurf basiert auf der wörtlichen Lesart. Er versteht die Ausführungen des Sokrates nicht nur wörtlich, sondern folgert auch eine dem Wortlaut entsprechende intendierte Umsetzung. Im vierten Kapitel wird jedoch auf alternative Verständnisweisen der *politeia* eingegangen werden. So existiert in der philosophischen Tradition eine alternative Lesart, die sich als Antwort auf den Totalitarismus-Vorwurf bei Popper versteht. Dirk Otto unternimmt in seinem bemerkenswerten Werk *Das utopische Staatsmodell von Platons Politeia aus der Sicht von Orwells Nineteen Eighty-Four*[49] von 1994 den Versuch, Platon aus der utopischen Lesart heraus zu verstehen und zu deuten. Otto stellt klar, daß die streng wörtliche Lesart Poppers die Intention Platons teilweise verzerrt und verfälscht. Außerdem gehe Popper bei seiner Untersuchung nicht einwandfrei vor:

> Insbesondere können Popper zahlreiche methodische Mängel nachgewiesen werden, z.B. die Auswahl einseitiger und verkürzter Textpassagen, Fehlübersetzungen, Übertreibungen, das Mißverstehen platonischer Ironie und insgesamt fehlende Objektivität.[50]... Insgesamt trifft also der Vorwurf des Totalitarismus Platon und seine im historischen und biographischen Kontext auf ihren Intentionsgehalt aufgeschlüsselte Politeia nicht, [da die] wörtliche Auffassung der Politeia als ihrem erklärten Utopiecharakter unangemessen [erscheint].[51]

Ottos Einordnung der *politeia* als Utopie und der Vergleich mit dem Romantext von Orwells *Nineteen Eighty-Four* machen die vorliegende Lesart des Textes klar. Als »Harmoniemodell« werde ein Staat gezeichnet, bei dem es weniger um die Verwirklichung der beschriebenen Vorstöße geht, sondern mehr um das »sittliche«

[49] Otto, Dirk: *Das Utopische Staatsmodell von Platons Politeia aus der Sicht von Orwells Nineteen-Eighty-Four*. Berlin 1994. *Philosophische Schriften*, Band 12.
[50] Otto: *Das Utopische Staatsmodell*, Seite 135.
[51] ebenda, Seite 255.

Anliegen Platons, wie Otto betont. So kritisiere Platon die egozentrische materielle Gier, was eine Parallele zu Popper darstellt. Auch dieser sieht bei Platon die Kritik an der Selbstsucht, die aber zugunsten sich häufig wiederholender Betrachtungen der Herrscherthematik sehr nebensächlich behandelt wird. Im weiteren ginge es Platon laut Otto generell um die Korruption und soziale Kämpfe im Staat, die ein Umdenken erforderten, was durch die Schrift *politeia* bewirkt werden sollte.[52] Zu den grundlegenden Vorhaben in Platons Entwurf äußert sich Otto unterschiedlich. Auch für ihn ist die Gleichberechtigung von Mann und Frau nur Mittel zum Zweck, sie diene »insgesamt dazu, möglichst weitgehend die Staatsziele zu unterstützen und dem Staatswohl zu dienen.«[53] Einen fortschrittlichen Gedanken streitet Otto der Gleichberechtigung bei Platon ab. Im Hinblick auf die Position der Frau zeigten andere Textstellen, daß »Platon sich trotz seines weitreichenden Ansatzes von Vorurteilen und Klischees nicht völlig freimachen kann.«[54] Basierend auf seiner Einordnung der *politeia* als Utopie gebraucht Otto die Attribute »Realitätsferne« und »Radikalität« entsprechend häufig. Die Auswahl der zeugenden Eltern und die Frauen- und Kindergemeinschaft seien schließlich die Paradebeispiele für den Utopiecharakter der *politeia*.[55] Insgesamt konstatiert Otto, daß »die Ziele Patons ... nicht in der Umsetzung der eugenischen Vorschläge in die politische Praxis« lägen. Die Vorstöße Platons könnten jedoch symbolisch verstanden werden:

> Die Radikalität der Politeia ... [kann] dazu beitragen, die Bedeutung der Erziehung, der politischen Qualifikation und der Priorität des Staatsinteresses sowie staatlicher Einheit vor individuellen Egoismen hervorzuheben.[56]

Deutet dieses Resümee Ottos tendenziell den Weg der hier verfolgten Neubewertung von Platons Frauen- und Kindergemeinschaft schon an, baut sich anhand weiterer

[52] Otto: *Das Utopische Staatsmodell*, Seite 239.
[53] ebenda, Seite 66.
[54] ebenda.
[55] ebenda, Seite 229f.
[56] ebenda, Seite 233.

formaler Aspekte im vierten Kapitel die Interpretation Schritt für Schritt auf. Die vielleicht meisten Sympathien erhielt Platon vom Feminismus, der ihn ausgehend von dessen Gleichberechtigungskonzept als einen antiken Vordenker versteht, was im folgenden ausgeführt wird.

3.4. Adaptionsversuche und Kritik durch den Feminismus

Eine wichtige Säule zur Verwirklichung der Frauen- und Kindergemeinschaft ist die Gleichberechtigung der Frau, wie im zweiten Kapitel schon deutlich wurde. Bei Platons Konzeption handelt es sich allerdings um eine spezielle Form der Gleichberechtigung, wobei jede »Gleichberechtigung«, gerade auch in heutiger Verwendung, stets näher zu spezifizieren ist, um ihre Bedeutung im jeweils betrachteten Zusammenhang zu verstehen. Platons Frauen sind innerhalb des Wächterstandes insofern gleichberechtigt, daß ihnen sowohl die gleiche Erziehung als auch die gleichen Rechte wie den Männern zugesprochen werden. Sie nehmen ebenso an der musischen Erziehung teil wie ihnen ranghohe Positionen im Staatsdienst offen stehen. Auch auf der Ebene der natürlichen Voraussetzungen setzt Platon Frauen und Männer gleich, dies jedoch mit der viel diskutierten Abschwächung aufgrund eines graduellen Unterschieds hinsichtlich der weiblichen Begabungen. Es darf natürlich nicht übersehen werden, daß diese Einrichtung der Gleichberechtigung zum einen in einem gesellschaftlichen Klima konzipiert wurde, daß zweieinhalbtausend Jahre zurückliegt. Zum anderen ist Platons Gleichstellung der Frau stets im Rahmen seines Staatsentwurfs zu sehen und kann nicht ohne weiteres losgelöst von diesem Zusammenhang betrachtet werden. Die feministische Diskussion, ob Platon aufgrund der dargestellten Gleichberechtigung der erste Feminist gewesen sei, ist daher als problematisch einzustufen. Es ist zu fragen, ob Platon nicht einfach rückwendend feministisch interpretiert wird, obwohl seine Motive feministischen Gedanken vielleicht entgegenstehen, wie zu sehen sein wird. Genauso wie Simone de Beauvoir eher vom Feminismus adaptiert wurde – ihre Intention war ursprünglich existenzialistischer Art und ihre Haltung zunächst nicht feministisch – läuft Platon Gefahr, im Punkt der Gleichberechtigung zum Fürsprecher einer Sache gemacht zu werden, die er vielleicht anders verstand.

Gleichberechtigung aus feministischer Sicht bedeutet umfassende Gleichberechtigung. Wie auch im fünften Kapitel im Zusammenhang mit der Neubewertung der Frauen- und Kindergemeinschaft erörtert werden wird, ergibt sich bei der Forderung nach umfassender Gleichberechtigung das Problem, als Frau dem Mann soweit angeglichen zu werden, daß ihre eigentliche Identität Gefahr läuft, verloren zu gehen. Stehen Frauen beispielsweise die gleichen Karrieremöglichkeiten wie Männern offen, funktioniert dieses Prinzip des beruflichen Erfolgs jedoch nach Regeln, die bislang auf männliches Verhalten abgestimmt waren. Mit der Gleichberechtigung erfolgt also in diesem Fall die Angleichung an männlich geprägte Schemata, was den Ruf nach weiblicher Individualität und Differenz folgen läßt. Ausgehend von den wichtigen Vorstößen bei rechtlichen Diskriminierungen, die in den letzten Jahrzehnten innerhalb der verschiedenen Rechtsgebiete zugunsten der weiblichen Gleichberechtigung beobachtet werden konnten, wird das feministische Hauptanliegen mehr und mehr durch die Konzentration auf Individualität und Selbstverwirklichung charakterisiert, worauf später noch eingegangen wird. So zeigt beispielsweise die Abtreibungsdebatte, daß es aus feministischer Sicht in diesem Fall um die körperliche Selbstbestimmung der Frau geht, die schließlich ein Thema der gesamten Selbstbestimmung ist.

Wie Platon angesichts der Forderung an die Mütter, ihre Kinder an die Gemeinschaft abzutreten, als feministisch eingestuft werden kann, ist fraglich. Zu kompliziert stellen sich die gesellschaftlichen Verhältnisse einerseits und die Motive Platons andererseits dar, daß Platon generell für oder gegen den Feminismus argumentierend eingestuft werden könnte. Die Frage, ob Platon der erste Feminist gewesen sei oder nicht, ist aus den gezeigten Gründen eigentlich gar nicht beantwortbar, sondern lediglich in verschiedenen Hinsichten zu betrachten. Sabine Föllinger gibt in ihrem 1996 erschienenen Werk »Differenz und Gleichheit« nicht nur einen Überblick darüber, wie Platon von feministischen Autoren und Autorinnen eingeschätzt wird, sondern unternimmt auch selbst eine Einschätzung des platonischen Geschlechterverständnisses, von dem das gesamte Staatskonzept und insbesondere die Frauen- und Kindergemeinschaft abhängen. Im ganzen kommt Föllinger zu dem Schluß, daß Platon kein Feminist gewesen sei, obwohl dies, wie gesehen, ein problematisches Urteil darstellt. Wie oben ausgeführt, kann eine Einschätzung Platons als Feminst nur graduell erfolgen und macht prinzipiell wenig Sinn. Föllinger resümiert jedoch ihre Betrachtungen zu Platon:

> Da Platon die Erziehung und Bildung der Frauen nur unter der Perspektive ihres Nutzens für den Staat sieht, für den sie als ‚die andere Hälfte' ein wichtiges Potential darstellen, ist es nicht möglich, seine Vorstellungen mit dem modernen Begriff des Feminismus zu verbinden.[57]

Föllingers Argumentation, die sie zu diesem Ergebnis kommen lassen, fußt auf hauptsächlich drei Kritikpunkten, die sie zum platonischen Geschlechterverständnis ins Feld führt. Im Rahmen ihres ersten Hauptarguments untersucht sie zunächst, wie tief Platons Interesse an der Frau wirklich sei. Dabei nimmt sie besonders die biologische Ebene in den Blick, obwohl gerade die biologische Unterschiedenheit zwischen Mann und Frau ein im Feminismus selbst kontrovers diskutierter Aspekt ist. Denn einer Argumentation, basierend auf der biologischen Differenz, folgt im feministischen Diskurs der Verdacht des Biologismus, da die Gefahr besteht, unter der Betonung einer biologischen »Determination« kulturelle Fehlentwicklungen und diskriminierende Mißstände zu übersehen. Jane Roland Martin beschreibt in ihrer Schrift *Reclaiming a Conversation* von 1985 die Problematik der biologischen Differenz wie folgt:

> Claims about the existence of sex differences are today associated in the public mind with theories of biological determinism. Because the argument that biology is destiny has been used throughout history to keep women in the home, to justify women's subordination in marriage, and to deny

[57] Föllinger, Sabine: *Differenz und Gleichheit. Das Geschlechterverhältnis in der Sicht griechischer Philosophen des 4. Bis 1. Jahrhunderts v. Chr.* Stuttgart 1996, Seite 291.

> women full citizenship, many contemporary feminist thinkers have been reluctant to acknowledge even the possibility that differences between females and males, beyond the obvious biological difference, exist.[58]

Föllinger attestiert in ihrer Untersuchung Platon ein mangelndes biologisches Interesse, was dazu führe, daß er nicht ausreichend auf die Frau und ihre Verhältnis zum Mann eingehe. Ihre Kritik machen folgende Ausführungen deutlich:

> Mit Platons mangelndem Interesse an biologischen Fragen dürfte auch die geringe Bedeutung zusammenhängen, die er dem Geschlechtsunterschied beimißt. ... Folglich ist zwar die der Fortpflanzung zugrundeliegende Geschlechtlichkeit für die Menschen als Art wichtig, sie hat aber keine Bedeutung für das individuelle menschliche Leben.[59]

Föllinger selbst relativiert ihren Vorwurf des biologischen Desinteresses gegenüber Platon, indem sie auf die wichtige Rolle der Geschlechtlichkeit im *Symposion* hinweist, die ihr dort beigemessen wird.[60] Platon insgesamt jedoch mangelndes Interesse an biologischen Fragen vorzuhalten, ist bedenklich, findet sich aber an vielen weiteren Stellen der Untersuchung. Mit der Feststellung, daß Platon in seinem Staatskonzept den Aspekt der Fortpflanzung unter die Staatsinteressen stelle, hat Föllinger zwar Recht, sie verschätzt sich allerdings bei Platons generellem Blick auf biologische Belange. So sagt doch einerseits die Ausblendung biologischer Differenz nichts darüber aus, wie intensiv sich Platon generell mit biologischen Fragen beschäftigt hat. Denn seine Sicht auf die Geschlechterdifferenz kann ja gerade das Ergebnis einer Beschäftigung sein. Andererseits sprechen die vielen Tieranalogien Platons und sein Hinterfragen der menschlichen Natur generell gegen den Vorwurf biologischer Ignoranz.

[58] Martin, Jane Roland: *Reclaiming a Conversation. The Ideal of the Educated Woman.* London 1985, Seite 20.
[59] Föllinger: *Differenz und Gleichheit*, Seite 289f.
[60] ebenda.

Auch Föllingers weiterer Vorwurf der mangelnden Berücksichtigung des »individuellen« Lebens in Platons Staatskonzept durchzieht ihre gesamte Untersuchung. Er verdeutlicht gut das gegenwärtige feministische Hauptanliegen der Individualität, auf das schon zu Beginn eingegangen wurde. Der Einwand gegen Platon, auf die individuellen Belange der Menschen zu wenig einzugehen, stellt somit den zweiten großen Kritikpunkt Föllingers an Platons Staatskonzept dar. Folgende Bemerkungen zeigen eindrücklich die Fixierung Föllingers auf die weibliche Individualität im platonischen Staatskonzept, obwohl sich die Position der Frau aus der Konzeption im ganzen ergibt, wie sie selbst auch beiläufig bemerkt. Föllinger stellt Platons Vorhaben insgesamt so dar, als ginge es einzig darum, die Frau zu diskriminieren:

> Die Erziehung der Frauen soll nicht dem individuellen Gewinn der einzelnen Frau, sondern dem Staatswohl dienen. Denn wie deutlich ... expliziert wird, soll das ganze Privatleben der Bürger unter staatlicher Kontrolle stehen. ... Das Ziel ist es, die Staatskontrolle über alles inne zu haben, was sich bei den Frauen als besonders wichtig erweise.[61]

Sicherlich beruht Platons Staatskonzept nicht auf einer vorrangigen Stärkung der individuellen Belange und Fragen der Bürger im Staat. Die tragenden Elemente seines Entwurfs betonen, philosophisch gefaßt, das Eine immer im Hinblick auf das Viele, sie sehen den Bürger immer als Teil der Gemeinschaft, um die es geht. Platon aus Föllingers Sicht dies vorzuwerfen, stellt somit keine eigentliche Kritik dar, wenn Kritik prinzipiell als die Aufdeckung von Schwächen und logischen Unstimmigkeiten verstanden wird. Föllingers Argumentation droht also in diesem Punkt sehr ideologisch zu werden, da eine Sache, die offensichtlich zu Platons Intention gehört, im Hinblick auf ein anderes, nämlich feministisches Denken gemaßregelt wird. Wie Platons »bester Staat« dennoch die Individualität der Bürger berücksichtigen kann, wird im fünften Kapitel innerhalb der Neubewertung der Frauen- und Kindergemeinschaft dargelegt. Dort wird auch deutlich werden, daß bei Föllinger diese

[61] ebenda, Seite 96f.

Möglichkeit überhaupt nicht gesehen wird, womit ihr zweiter, fundamentaler Kritikpunkt der behaupteten Ausblendung individueller Belange sehr fraglich wird.

Als drittes Standbein Föllingers kritisierender Untersuchung des Geschlechterverhältnisses bei Platon stellt sich der mangelnde Rekurs auf die Realität dar, wie Föllinger Platon vorwirft. Platons Entwurf entbehre jeglichen Bezug zur Realität:

> Wir finden bei Platon Reflexionen zum Geschlechterverhältnis in verschiedenen Zusammenhängen. Beinahe allen von ihnen ist es bezeichnenderweise gemeinsam, daß sie sich in einem Kontext befinden, der wenig auf die faktische Realität rekurriert. ... Ebenso kann man aber auch von der Ausblendung der Realität bei der Behandlung des Geschlechterverhältnisses im politischen Bereich sprechen. Denn hier entwickelt Platon seine Vorstellungen im Rahmen von Idealstaatskonzeptionen, was ihm ermöglicht, ohne eine komplexere Analyse der biologischen und sozialen Realität der Geschlechter einen Optimalzustand zu beschreiben, dessen konkrete Umsetzung im einzelnen für ihn nicht relevant ist.[62]

Föllingers eindeutiges Statement zum Realitätsbezug Platons wird jedoch durch die folgenden Punkte stark in Frage gestellt.

Erstens geht die Forschung mit großer Mehrheit davon aus, daß sich Platons Staatsentwurf gerade auf zeitgenössische Verhältnisse bezieht. Am besten charakterisierte darin, wie zuvor gesehen, doch Popper den Soziologen Platon, dem er gesellschaftlichen Weitblick und ebenso hervorragende Beobachterfähigkeiten zugestehen mußte.[63] Popper läßt keinen Zweifel daran, daß Platons Entwurf eine mögliche Realisierung im Auge hatte, nämlich die Wiederherstellung eines alten Staatszustandes vergangener Tage. Obwohl er Platon den Plan abspricht, ein zukunftsorientiertes Vorhaben entworfen zu haben, steht der Praxisbezug außer

[62] Föllinger: *Differenz und Gleichheit*, Seite 114.
[63] vgl. Seite 34.

Frage. Auch andere Autoren und Autorinnen betonen die realistischen Hintergründe von Platons Entwurf. So zeigt beispielsweise Maria H. Dettenhöfer in ihrem Sammelband zur Rolle der Frau in der Antike auf, wie sehr sich die antiken Autoren an der Realität, nämlich an den Verhältnissen Spartas, orientierten.[64] Föllinger geht bei der Einschätzung von Platons Realitätsbezug den gleichen fragwürdigen Weg wie zuvor bei der Betrachtung seines biologischen Interesses. Sie läßt sich vom bloßen Text dazu verleiten, Realitätsbezüge zu vermissen, obwohl Platons gesamtes Vorhaben durch den Blick auf die Realität bestimmt ist.

Zweitens scheint Föllinger bestimmte Stellen im Text einfach zu ignorieren. Platons Blick für die Realität war alles andere als getrübt oder nicht vorhanden. Dies beweisen doch Überlegungen zu konkreten praktischen Fragen, wie etwa zur Vermeidung von Inzest.[65] Daß sein Entwurf ein »Idealstaatsentwurf« sei, ist doch gerade die Intention Platons, wenn Sokrates vom »besten Staat« spricht, und als Argument der Kritik problematisch. Auch wenn die Durchführbarkeit des Staatskonzepts im Text selbst in Frage gestellt wird, unternimmt Sokrates den Versuch, mit dem Blick auf das menschliche Wesen den bestmöglichen Staat zu konzipieren. Föllinger scheint diesen auf Wahrheit und Realität ausgerichteten Grundgedanken der *politeia* zu übersehen.

Drittens begnügt sich Föllinger damit, Platon mangelnden Rekurs auf die Realität vorzuwerfen, ohne aber den Versuch zu unternehmen, diesen Punkt kritischer zu beleuchten. Sollten Platons Darlegungen jeglichen realistischen Gehalt entbehren, so müßte sich das doch durch die Analyse des ein oder anderen Vorhabens im Staatskonzept zeigen lassen. Sicherlich ist fraglich, ob dies noch in den Rahmen von Föllingers Betrachtungen gehört, da sie das »Geschlechterverhältnis in der Sicht griechischer Philosophen« untersuchen wollte. Sie selbst jedoch thematisiert den realistischen Gehalt des platonischen Staatskonzepts und bringt sich damit in die Notwendigkeit einer Stellungnahme. Alles, was von Föllinger in Bezug auf die

[64] Dettenhöfer, Maria H. (Hrsg.): *Reine Männersache? Frauen in Männerdomänen der antiken Welt.* Köln 1994, insbesondere Seite 18f.
[65] vgl. Seite 25.

Umsetzbarkeit des gezeichneten Staates allerdings zu hören ist, erschöpft sich in der Ansicht, daß »die betroffenen Leute sich wehren werden.«[66] Daß dies keine diskussionsfähige Position ist, bedarf keiner Erläuterung.

Anhand von Sabine Föllingers Untersuchung wurde der Versuch unternommen, eine feministische Stellungnahme zu Platons *politeia* mit Blick auf die Position der Frau und die Frauen- und Kindergemeinschaft aufzuzeigen. Es wurde deutlich, aus welchen Gründen die Beurteilung Platons aus feministischer Sicht Probleme bereitet. Zum einen zeigt sich die Aufgabenstellung selbst aufgrund historischer Differenzen problematisch, zum anderen erschweren unterschiedliche feministische Auffassungen eine entschiedene Stellungnahme zu Platon. Wird von den formalen Schwächen abgesehen, gibt Föllinger einen breiten Überblick des bisherigen feministischen Diskurses zu Platon. Sympathisch erscheint dabei dem Feminismus die generelle Tendenz zur Gleichberechtigung von Mann und Frau.[67] Diese ist bei Platon absolut umfassend, jedoch aus primär staatlichen Interessen und nicht aus dem Verständnis der Frau heraus. Dies relativiert das Votum für Platon als Feminist und ebenso die qualitative Herabsetzung des weiblichen Geschlechts hinsichtlich aller Begabungen[68], woran sich das generelle Vermissen weiblicher Individualität im Rahmen des Staatsentwurfs anschließt. Die Frauen- und Kindergemeinschaft kommt den Frauen zwar einerseits entgegen, sie mildert die schweren Last der Säuglingsversorgung, andererseits werden den Frauen die eigenen Kinder genommen,[69] was jeglichem feministischen Ansatz widerspricht, da hierin die Selbstbestimmung der Frau gefährdet wird.

Mit den ausgewählten Positionen von Karl Popper, dem utopistischen Ansatz und dem Feminismus wurde deutlich, durch welche hauptsächliche Stoßrichtungen die Kritik an Platon und seinem Entwurf charakterisiert wird. Ist es bei Popper der Vorwurf eines totalitären Staatssystems, der alle anderen Feinheiten überdeckt, thematisiert der Feminismus die weibliche und generelle Individualität, die in Platons

[66] Föllinger: *Differenz und Gleichheit*, Seite 102.
[67] vgl. Seite 19.
[68] vgl. Seite 20.
[69] vgl. Seite 24.

Konzept unterentwickelt sei. Mit der Betrachtung der utopistischen Verständnisweise deutet sich jedoch an, daß die Kritik gerade im Fall der *politeia* auch eine Frage der Hermeneutik ist. Daß das Verständnis des Textes und seiner Intention eben nicht nur aufgrund der wörtlichen Betrachtung des Textes geleistet werden kann, zeigt sich schon in den Unstimmigkeiten darüber, wie praxisorientiert Platon seinen »besten Staat« wirklich konzipierte. Gehen Popper und die aufgezeigten feministischen Interpretationen von der wörtlichen Lesart aus, faßt der utopistische Ansatz die Ausführungen eben als Utopie auf und versucht sich in einer Deutung höherer Ordnung. Im nächsten Kapitel soll deswegen untersucht werden, welche Parameter für eine umfassende Interpretation Platons zu berücksichtigen sind.

4. Kategorien der Interpretation / Werkimmanente Widerlegung

4.1. Der Dualismus von Form und Inhalt

Eine kritische Beschäftigung mit dem Inhalt platonischer Philosophie kann nicht ohne Blick auf ihre literarischen Aspekte gelingen. Zu sehr sind bei Platon Philosophie und Dichtung verknüpft, als daß der eine Aspekt gänzlich ohne den anderen untersucht werden könnte. Auf diesen Tatbestand soll nun mit einem Blick auf das Selbstverständnis Platons als Schriftsteller eingegangen werden.

Platon entwickelte seine Philosophie größtenteils in den sogenannten platonischen Dialogen, die aus heutiger Sicht in drei Schaffensperioden unterteilt werden: in eine frühe, mittlere und späte Periode. Platon versuchte sich auch als Tragödiendichter, als er circa 390 v. Chr. begann, Schriften philosophischen Inhalts zu erstellen. Obwohl Platons Bedeutung für das Abendland auf philosophischer Ebene überaus dominant ist, darf nicht vergessen werden, daß sich Platon im Medium der Dialoge eine Form zur Vermittlung seiner Philosophie gewählt hat, die ihn nicht nur als Philosoph, sondern auch als Schriftsteller thematisieren. Zumeist sind die platonischen Dialoge ähnlich aufgebaut. Häufig treffen die Figur des Sokrates und einige wenige andere Sprecher aufeinander und erörtern, ausgehend von einer Grundfrage, das damit zusammenhängende Problem. Bei der Betrachtung der Figur des Sokrates wird jedoch schon deutlich, wie wichtig das literarische Element bei Platon einzuschätzen ist. Das Vorbild für die Figur des Sokrates war Platons gleichnamiger Lehrer, dem er in seinen Dialogen ein ebenso philosophisches wie literarisches Denkmal setzte. Die Dialoge um die Figur des Sokrates sind aber nicht als Biografie desselben zu verstehen, vielmehr schuf Platon mit seinem Sokrates eine eigenständige Figur, die lediglich einen realen Anlaß hatte. Durch die dichterische Verarbeitung des sokratischen Gedankenguts lassen sich die Gedanken Platons auch nicht mehr von denen seines Lehrers trennen. Sie bilden im Gegenteil eine auf der dichterischen Leistung Platons beruhende Einheit. Damit ist zumindest die generelle Bedeutung des dichterischen Elements bei Platon hervorgehoben. Doch im speziellen soll auch auf Platons Selbstverständnis als Dichter eingegangen werden, um ahnen zu können, warum sich Platon zur Vermittlung seines Philosophierens für *Dialoge* entschieden hat.

Ein Blick auf Platons offizielle Hauptlehre, die Ideenlehre, soll nun die erste Antwort auf Einwände gegen die Ausführungen des Sokrates hinsichtlich des Staates einleiten. Auf einen Satz gebracht, läßt sich skizzieren, daß die Ideen als bloße Gedanken Vorbilder für die Dinge der realen Welt aufzufassen sind, welche ihren Sinn und Bedeutung eben durch die Ideen erhalten. Abgesehen von dem hierin enthaltenen Aspekt der Transzendentalität ist wichtig zu bemerken, daß die Ideen durch Gedankenhaftigkeit ausgezeichnet sind, d.h. sie werden als sprachlich und speziell schriftlich nicht fixierbar aufgefaßt. Hierin steckt das bei Platon sehr wichtige Moment der Sprachkritik, das in einigen Dialogen angesprochen wird. Die Auffassung, daß in Sprache gefaßte Gedanken durch eine sprachliche Fixierung prinzipiell verfälscht wiedergegeben würden, bringt einen Philosophen, der diese Ansicht vertritt, leicht in einen Widerspruch mit sich selbst. Die Verbannung der Dichter aus dem Staat, sie stehen als Sprachhörige unter dem Verdacht der Lüge, zeigt die sokratische Konsequenz des Sprachmißtrauens. Und auf seine eigene Sprachlichkeit bezogen, bedient sich Platon des Mediums der Dialoge. Darin werden Themen, die angedacht werden sollen, eben nicht explizit fixiert, sondern in der Bewegung des Gesprächs dialektisch durchschritten. Alle Sprecher leisten einen indirekten Beitrag zur Erhellung des gestellten Problems. Die Erkenntnis stellt sich bei den Zuhörern durch logische Schlüsse und nicht durch vorgegebene Phrasen ein. Dieser technische Handgriff Platons zur Mittelbarkeit von Intention ist bei einer kritischen Beschäftigung mit platonischem Philosophieren unabdingbar. Alle Aussagen in den Dialogen sind im Hinblick auf Autor und Authentizität schwerer faßbar als in sogenannten reinen Abhandlungen. Damit sind formale Aspekte wie Stil und rhetorische Mittel bei einer Beschäftigung mit Platon zumindest zu berücksichtigen, da im Rahmen einer stilistischen Analyse philosophische Aussagen in ihrer Bedeutung relativiert werden können. Form und Inhalt platonischen Philosophierens bilden eine Korrelation, die bei der Auswertung philosophischer Thesen und Standpunkte unbedingt bedacht werden muß.

4.2. Bedeutung Sokratischer Ironie

Ein bedeutendes, vielleicht nicht nur formales Element der sokratischen Rede ist die Ironie. Sämtliche Dialoge Platons werden von einem ironischen Ton getragen, der die Gespräche der versammelten Gesprächspartner in eine entspannte Atmosphäre taucht. Ironie ist jedoch ein kompliziertes Phänomen, das insofern mit der menschlichen Fähigkeit des Lachens zusammenhängt, daß die Fähigkeit zur Entdeckung des Ironischen ein folgendes Lachen einleiten kann. Obwohl es vielleicht nicht schwer fällt, Ironie an einzelnen Textstellen auszumachen, erweist sich eine handfeste Definition derselben als schwieriges Unterfangen. Jean Paul definiert Ironie in seiner *Vorschule der Ästhetik* wie folgt:

> Die Ironie muß stets die zwei großen Unterschiede, nämlich die Beweise eines *Daseins* und die Beweise eines *Werts* ... gegeneinander vertauschen; wo sie Wert zu erweisen hätte, muß sie Dasein erweisen und umgekehrt. ... In Rücksicht der Sprache studiere man den Schein des Ernstes, um den Ernst des Scheins oder den ironischen zu treffen.[70]

Im Vertauschen von Faktischem und Gemeinten vollzieht sich also das Spiel der Ironie, das damit nach Jean Paul fähig ist, den Ernst einer Sache ohne Ernst vorzutragen. Und das Element der Ironie stellt bei Platon nicht nur ein wichtiges stilistisches Mittel dar, sondern kann darüber hinaus als ein Gestaltungsprinzip Platons eingeordnet werden. Auf formaler Ebene bildet die Ironie genauso wie die Darbietungsform des Dialogs einen unbedingt zu berücksichtigenden Aspekt, wenn es darum geht, die Inhalte platonischer Dialoge zu verstehen und auszuwerten.[71] Es ist jedoch häufiger so, daß in Platoninterpretationen Betrachtungen der Ironie keine nennenswerte Erwähnung finden, wie beispielsweise bei Föllinger, was den interpretatorischen Ansatz von vornherein als problematisch erscheinen läßt. Die Bedeutung der Ironie für das Gesagte fußt in den folgenden Punkten. Ironische

[70] Paul, Jean: *Vorschule der Ästhetik*. Nach d. Ausg. v. Norbert Miller hrsg. Hamburg 1990, S.148f.
[71] vgl. dazu auch Roloff, Dietrich: *Platonische Ironie. Das Beispiel: Theaitetos*. Heidelberg 1975.

Bemerkungen und auch stellenweise ironische Redehaltungen lockern das Gespräch in spezieller Weise auf. Sie machen die am Dialog beteiligten Personen frei von zu streng subjektiven Sichtweisen und persönlicher Betroffenheit. Die damit bewirkte Ausgeglichenheit aller Anwesenden ist die beste Voraussetzung für eine sachliche Betrachtungsweise der Dinge, die dem angestrebten Ideal der Wahrheitsfindung am nächsten kommt. Und in diesem Fall gilt es, die beste Form des staatlichen Zusammenlebens zu finden, wobei die Stellung der einzelnen Gruppierungen im Staat eben nicht aufgrund persönlicher Betroffenheit, sondern im Hinblick auf das Gelingen des Ganzen entschieden wird. Wie bereits erläutert, macht sich Sokrates in diesem Sinne auch Sorgen darüber, daß die entspannte, sachliche Atmosphäre dadurch gestört würde, wenn er etwas über Frauen und Kinder in seinem Staat ausführte. Er fürchtet, mit seinen Gedanken seine Freunde zu irritieren oder gar zu beleidigen.[72] Dies belegt, wie wichtig die durch Ironie erreichte Atmosphäre des Gesprächs ist. Bei der Betrachtung konkreter Aussagen muß also berücksichtigt werden, daß sie in einer gelösten Atmosphäre stehen, die bewußt nicht auf individuelle Problematiken einzelner Gruppen eingeht, um den Fortlauf der Darlegungen nicht zu unterbrechen. Viele denkbare Einwände Einzelner gegen Regelungen im sokratischen Staatsentwurf werden somit in der lockeren und ironischen Haltung des Dialogs gar nicht explizit angesprochen.

Das Wesen von Ironie ist, wie auch in der gegebenen Definition betont wurde, Verstellung von Intentionen. Etwas Gemeintes wird im Gesagten verborgen, wenngleich nicht unsichtbar gemacht. Ständige Präsenz von Ironie innerhalb einer Darlegung muß nun zwangsweise dazu führen, die Gesamtintention des Gesagten vorsichtiger zu betrachten. Ironie kann darin, das Gemeinte nicht direkt auszusprechen, vielfache Wirkung zeigen. Sie kann das Gesagte insofern relativieren, daß statt einer konkreten Aussage nur eine Tendenz gemeint sein kann, deren Extrem vielleicht die untersuchte Aussage ist. Diesen Aspekt gilt es bei der Untersuchung des sokratischen Staatsentwurfs ebenfalls zu berücksichtigen, wenn Platon nicht miß-verstanden werden soll. Wie wörtlich genau Ausführungen in sokratischer Rede

[72] *politeia*, 451a1.

prinzipiell genommen werden dürfen, ist eine schwere Frage. Eine Untersuchung des sokratischen Staatsmodells braucht auch auf diese Frage keine Antwort zu geben, weil ihr Gegenstand das gegebene Textmaterial ist, dessen wörtliche Verläßlichkeit im Prinzip vorausgesetzt wird. Aber eine solche Untersuchung sollte sich diese Frage zumindest gestellt haben, was häufiger einfach unterlassen wird. Jede an der politischen und ethischen Intention interessierten Untersuchung der Geschlechterauffassung Platons, insbesondere der Frauen- und Kindergemeinschaft, die nicht damit rechnet, daß Aussagen im Text ironisch verfremdet sein könnten, bleibt fragwürdig. Zu stark ist das dichterische Moment bei Platon, daß eines seiner tragenden Mittel, nämlich das der Ironie, vernachlässigt werden könnte. Wie bereits erörtert, stehen bei Platon Inhalt und Form seines Philosophierens zu sehr in Verbindung, um ohne Blick auf die Umsetzung nur die Intention betrachten zu können. Und der häufige Einsatz des stilistischen Mittels der Ironie läßt keine andere Möglichkeit, als die Aussagen platonischer Dialoge, insbesondere die über die Frauen- und Kindergemeinschaft, stets unter Berücksichtigung des Gesamtverständnisses des Textes zu betrachten. Staatspolitische Ideen und Aussagen der *politeia* sind damit oft besser zu fassen, wenn sie mehr tendenziell verstanden werden und nicht als wortwörtliche Doktrin eines nur scheinbar durch und durch starren Entwurfes.

Noch wichtiger erscheint das Element der Ironie unter dem Blickwinkel, daß Platon zeit seines Lebens kein einziges Mal gelacht haben soll. Platons frühe Versuche als Tragödiendichter, sein spezielles Verhältnis zum Komischen und seine Sprach- und Dichterkritik machen ihn zu einem Autor, dessen Philosophie gleichsam politisch und um so weniger direkt genannt werden kann, was schließlich in den Theorien über eine ungeschriebene Lehre Platons gipfelt. Sein Stil der Dialoge ist durch ironische Gestaltung und spielerische Umrahmungen der zentralen Aussagen gekennzeichnet, was auch für die über das Geschlechterverhältnis und die Frauen- und Kindergemeinschaft zu veranschlagen wäre. Und dieser generelle Blick auf die Ironie bei Platon möchte dem selbst erhobenen Anspruch gerecht werden, diesen Aspekt bei der Interpretation staatspolitischer Thesen nicht außer acht gelassen zu haben.

4.3. Hermeneutik und das Metaphysische Fundament

Nach den formalen Kriterien der äußeren Dialogform und dem wichtigen Stilmittel der Ironie darf auch die Einordnung in die philosophischen Zusammenhänge nicht vergessen werden, um ein umfassendes Verständnis der *politeia* leisten zu können. Bevor der konkreteste Teil für die angestrebte Neubewertung der Frauen- und Kindergemeinschaft im fünften Kapitel angegangen wird, soll das metaphysische Fundament der Geschlechterordnung bei Platon betrachtet werden. Dies kann als ein weiterer formaler Aspekt bezeichnet werden, der bei vielen Interpretationen nicht genügend berücksichtigt wird, genauso wie Platons Schriftkritik, sein Stil oder generell die Möglichkeit der mehrschichtigen Lesart.

Marion Heinz hat in ihrer Untersuchung »Das metaphysische Fundament der Geschlechterordnung in den Staatsidealen von Platon und Aristoteles«[73] von 1997 aufgezeigt, was hinsichtlich einer umfassenden Betrachtung der platonischen Vorstöße zu berücksichtigen ist. So wird das Verständnis der wichtigsten Vorhaben Platons auf der im vierten Buch der *politeia* gewonnenen Defintion der Gerechtigkeit zurückgeführt. In 433a-b führt Sokrates aus, daß die Gerechtigkeit darin bestünde, daß sich jeder im Staat nur derjenigen Dinge annehme, die seiner Begabung entsprechen und sich darauf beschränke. Heinz betont die Wichtigkeit dieser Gerechtigkeitsauffassung bei jedem weiteren Versuch, Platons Ausführungen zu verstehen. Auch sie macht schnell deutlich, daß es Platon nicht vorrangig um die individuellen Belange der Bürger im Staat geht, sondern diese stets hinsichtlich der Einheit der Polis thematisiert werden: »Schon damit ist klar, daß die Ordnung der Geschlechter keineswegs als Privatsache des Einzelnen, sondern als Teil der politischen Ordnung betrachtet wird«.[74] Im weiteren sei wichtig zu berücksichtigen, daß die generelle Gliederung des Staates in die drei Stände Handwerker, Wächter und Regierende stets analog zur Gliederung der Seele zu verstehen sei. Diese soll ja mit

[73] Heinz, Marion: »Das metaphysische Fundament der Geschlechterordnung in den Staatsidealen von Platon und Aristoteles«. In: Völger, Gisela (Hrsg.): *Sie und Er. Frauenmacht und Männerherrschaft im Kulturvergleich.* Band 1. Köln 1997.
[74] Heinz: »Metaphysisches Fundament«, Seite 4

dem Staat als ihre Entfaltung in den Makrokosmos näher untersucht werden und gliedert sich analog zu den drei Ständen in die Teile des Begierdehaften, Mutartigen und Vernünftigen. So wie bei Popper geht dieser Zusammenhang allerdings bei vielen Kritiken des platonischen Entwurfs zu sehr unter. Dort wird die Ständeordnung losgelöst von ihrem metaphysischen Fundament betrachtet und als Klassengesellschaft abgeurteilt. Der Staat, sprich die Seele, ist jedoch in Platons Konzeption nur dann gerecht, wenn jeder Stand, sprich Seelenteil, sein Eigentümliches leistet. So ist es im Sinne dieser Verhältnisse auch erforderlich, daß eine Entsprechung zum vernünftigen Seelenteil existiert, nämlich ein herrschender Stand, gebildet durch die Philosophen. Diese Bedingung für den gerechten Staat und die gegebene Definition der Gerechtigkeit dürfen bei der Betrachtung von Platons Staatskonzept nicht unberücksichtigt bleiben.

Die von Platon thematisierte Gleichberechtigung von Mann und Frau ist sowohl durch ihre Möglichkeit, als auch durch ihre Nützlichkeit zu begründen.[75] Sokrates zeigt auf, daß durch die graduelle Überlegenheit des Mannes in den Begabungen kein genereller qualitativer Unterschied zur Frau auszumachen sei. Also sei die Frau ebenso zu allen Ämtern und Aufgaben im Staat geeignet wie der Mann, da in dem jeweiligen Ressort nur der Fähigste zugelassen würde – unabhängig von dessen Geschlecht. So wie sich die Gleichberechtigung als möglich erweist, zeigt sie sich auch als nützlich und als das Beste für den Staat. Im Zusammenleben der Frauen- und Kindergemeinschaft stehen sich die Geschlechter in gegenseitiger Abhängigkeit gegenüber. Da Ehe und Privatfamilie aufgehoben sind, stellt die Frau auch keinen Besitz des Mannes dar. So soll auch generell der Besitz im Staat zur Verhütung von Zwistigkeiten vermieden werden.

Auch die Frauen- und Kindergemeinschaft ist im metaphysischen Rahmen auf Möglichkeit und Nützlichkeit zu prüfen. Die Gemeinschaft wird durch die beiden Phänomene Lust und Unlust geeint. Dadurch, daß jeder Einzelne der Gemeinschaft aufgrund gleicher Besitzverhältnisse den gleichen Zugang zu Ereignissen oder Dingen hat, d.h. gleiche Lust oder Unlust verspürt, erweist sich die Gemeinschaft als

[75] vgl. auch Heinz: »Metaphysisches Fundament«, Seite5f.

echte, mögliche Einheit. Das Eine geht im Vielen harmonisch auf. Diese Harmonie wird schließlich durch den Status der Kinder als Kinder der gesamten Gemeinschaft vollendet und nützt dem Staat als fundamentale Einheit.

Heinz baut den fundamentalen Status der Frauen- und Kindergemeinschaft, basierend auf der Geschlechterordnung, noch weiter aus. Sie zeigt deren Position als »integrales Element des platonischen Idealstaatsentwurfs«[76] und führt aus, wie die Frauen- und Kindergemeinschaft als Mittel zur Etablierung der Philosophenherrschaft zu begreifen sei. Grundlegend könne die Philosophenherrschaft durch Platons Theorie des Wissens begründet werden. Wissen und Erkenntnis gibt es nach Platon im strengen Sinn nur von den Ideen. Die über dieses Wissen verfügenden Philosophen haben auch Einsicht in das für den Staat notwendige Gute und Gerechte. Platon setze für tugendhaftes Handeln Wissen voraus, breche allerdings mit der sokratischen Auffassung, daß Wissen gleichbedeutend mit Tugendhaftigkeit sei oder die hinreichende Bedingung dafür.[77] Platons Lehre von der Dreiteilung der Seele läßt auch nichtrationales Streben zu, so wird im neunten Buch der *politeia* die Seele auch hinsichtlich der Objekte ihres Strebens charakterisiert: der untere Seelenteil strebt nach Triebbefriedigung. Aufgrund dieses Konflikts von Strebenstendenzen und dem Wissen vom Guten bedürfe es für tugendhaftes Handeln mehr als Wissen. So sei die Harmonie aller Seelenteile unter der Leitung des Vernünftigen notwendig, die sich analog im Staat als die Philosophenherrschaft darstellt. Nun entstehe das Problem der Vermittlung zwischen der rationalen Leitung, den Philosophenherrschern, und dem unvernünftigen Seelenteil, den Wächtern, mit Rücksicht auf deren jeweilige unterschiedliche eudaimonia. Die Frauen- und Kindergemeinschaft sei nach Heinz die Lösung dieses Problems. Sie gleiche die Glückseligkeitsvorstellung der Wächter an die der Philosophenherrscher an und bewirke eine staatliche Harmonie. Durch die Gemeinschaft werde aus dem urtümlich konkurrierenden Streben der Wächter nach Ehre die Sorge um das Heil des gesamten Staates. Da die Wächter aufgrund ihres Strebens nach Ehre den Staat gefährdeten, so seien nach Sokrates die Ehrliebenden

[76] Heinz: »Metaphysisches Fundament«, Seite 9.
[77] ebenda, Seite 10f.

zugleich die Streitlustigen,[78] sorge die Frauen- und Kindergemeinschaft nicht nur für Harmonie im Staat, sondern auch für eine fundamentale Stabilität. Die tragende und wichtige Funktion der Gemeinschaft faßt Heinz mit den Worten zusammen:

> Die Frauen- und Kindergemeinschaft ist mithin das philosophischer Einsicht in das Gute und Gerechte selbst verdankte Mittel, durch das das Objekt der Ehre, nach dem die Wächter streben, so transformiert wird, daß es in die vernünftige Ordnung paßt, und zugleich Ehre als das eigentümliche Strebensziel dieses Standes bewahrt bleibt.[79]

Die Betrachtung des metaphysischen Fundaments der Geschlechterordnung und der darauf basierenden Frauen- und Kindergemeinschaft hat gezeigt, wie die einzelnen Vorstöße Platons konsequent zusammenhängen. Werden sie im Rahmen der Kritik aus ihrer philosophischen Relation getrennt, kann es aufgrund der Nichtbeachtung gegebener Definitionen und Voraussetzungen zu einer verzerrten Beurteilung kommen, wie im dritten Kapitel zu sehen war.

Der geleistete Verweis auf das metaphysische Fundament der Frauen- und Kindergemeinschaft soll allerdings nicht heißen, daß seine genaue Betrachtung eine Voraussetzung für die positive Beurteilung einzelner Aspekte darstellt. Eine fruchtbare Adaption bestimmter Vorhaben des platonischen Entwurfs in neue Modelle ist durchaus möglich, wenn dem Text gegenüber auch ein bestimmter Grad an Offenheit bewiesen wird. So wird im folgenden zunächst versucht, eine werktranszendente Entgegnung der Kritik zu erbringen, die sich auf eine Gegenwartsanalyse der Gesellschaft stützen wird. Im besonderen ist dabei an die Widerlegung des Totalitarismus-Vorwurfs gedacht, der mehr als zu relativieren ist. Als nächstes wird dann eine Adaption einzelner Punkte des platonischen Entwurfs forciert, die die realen Möglichkeiten aufzeigt, die aus dem antiken Staatskonzept mit aktuellem Bezug gewonnen werden können.

[78] vgl. *politeia*, 581b.
[79] Heinz: »Metaphysisches Fundament«, Seite 12.

4.4. Das Denken Platons im Blick auf die Zukunft

Wie in den exemplarischen Fällen im dritten Kapitel verdeutlicht ist, beschränkt sich ein Großteil der Auseinandersetzungen mit Platons Staatsideen darauf, sei es nun in der *politeia* selbst oder in anderen Werken, eine Interpretation Platons zu leisten. Diese beginnt im Regelfall, im Sinne eines besseren Verständnisses des Textes, mit der Erörterung der wichtigsten Gedanken des platonischen Staatsdenkens. Dessen Einheitlichkeit und Stimmigkeit in sich selbst sind jedoch umstritten. Eine der Hauptursachen dafür ist, daß viele Interpreten ganz selbstverständlich von der wörtlichen Lesart Platons als der einzig richtigen ausgehen, woraus sich so in der Tat Widersprüche zwischen einzelnen Textstellen erkennen lassen. Wenige Interpreten thematisieren die Möglichkeit, daß Platon auf verschiedene Weisen gelesen werden kann und haben sich schon vor ihrer Beschäftigung mit dem Text für eine Lesart entschieden, die dann als Interpretations- und Verständnisansatz auch weitgehend unreflektiert bleibt.

Im Verlauf einiger Sekundärliteratur wird nach der Erläuterung und Interpretation auch noch umfassender auf die historischen Hintergründe des platonischen Staatsentwurfs eingegangen. Dies ist sicherlich hilfreich bei der auf Quellen und geschichtlich orientierten Einordnung der platonischen Ausführungen. Doch wenige Interpreten gehen über die Interpretation und Erläuterung des Textes hinaus und streben ein konkretes, staatspolitisch relevantes Urteil über das reformerische Programm an, das Sokrates entwickelt. Wenige Interpretationen unternehmen den Versuch, mit dem Blick einer mehrschichtigen Lesart Platons die Hauptpunkte seiner Staatsreform auf ihre mögliche Tauglichkeit hin einzuordnen. Daß die Erweiterung des Blicks auf den platonischen Staat um die Prüfung auf Tauglichkeit durch und durch auch ein Thema der Philosophie ist, steht außer Frage. Schon die Kritik Aristoteles' an Platon und dessen Staat bezieht sich auf den Punkt der Praxistauglichkeit. Und auch zweieinhalbtausend Jahre später beschäftigt sich einer der wohl wichtigsten Platonrezensenten, Karl Popper, ausführlich mit den gesellschaftlich und staatspolitisch relevanten Konsequenzen des sokratischen Entwurfs.

Daß viele Interpretationen bei der groben Einschätzung als totalitäres, unwirkliches System stehenbleiben und keine weitere Beschäftigung mit seinen Inhalten leisten, hat, wie gezeigt, seine hauptsächliche Ursache im eingeengten Blick eines einseitigen Interpretationsansatzes. Dieser wurde durch die Ausführungen dieses Kapitels verlassen, was eine offenere Einordnung des Staatsentwurfs, insbesondere des Modells der Frauen- und Kindergemeinschaft, ermöglicht. Das teilweise Absehen von wortwörtlicher Auffassung des Textes und die Bereitschaft, mit platonischer Ironie den Text so zu verstehen, was er tendenziell gemeint haben könnte und konkret angedacht hat, ermöglicht eine freiere Einschätzung auf Praxistauglichkeit. Doch bevor der Versuch unternommen werden soll, platonische Staatsgedanken als Programmpunkte einer Gesellschaftsreform der Gegenwart zu diskutieren, soll ein Bild der aktuellen Gesellschaft gezeichnet werden, um zu den Themen Platons die aktuellen Bezüge besser vor Augen zu haben.

Aktuelle Bezüge finden sich insbesondere im gesamten Bereich der Familie, deren Verhältnis zur öffentlichen Gesellschaft, wie gezeigt, gerade im Feminismus ein Schwerpunktthema bildet. Dort interessiert die Position der Frau zwischen privater und öffentlicher Sphäre und ihre Rollenzuweisung durch die Tradition des Patriarchats. Die im dritten Kapitel beleuchtete Diskussion um die Einordnung Platons als Feminist zeigte, daß die patriarchalische Denkweise in der griechischen Gesellschaft fundamental war. Während dem Mann exklusive Rechte zuteil waren, beispielsweise im kulturellen Bereich, wurde die Frau von ihrer Zuweisung zu Haushalt und Familie her begriffen. Im folgenden wird deswegen auch ein Blick auf die Entwicklung der Familie geworfen, besonders im Hinblick auf die zweite Hälfte des letzten Jahrhunderts. Es soll sich zeigen, in welcher Relation konkret die von Platon vorgesehenen Regelungen zu den familiären Verhältnissen unserer gegenwärtigen Gesellschaft stehen.

Mit dem feministischen Interesse an freiheitlicher Selbstbestimmung der Frau ist auch der Bereich des partnerschaftlichen Verhaltens verknüpft. Platon hebt in der *politeia* die Struktur der Privatfamilie als Modell des Zusammenlebens auf. Und mit ihr wird das Bündnis der Ehe aufgegeben, dem eine neue Funktion zugewiesen wird, nämlich als kurzer Zeitabschnitt, der ausschließlich zur Zeugung der Kinder vorgesehen ist. Einer der Hauptkritikpunkte an Platons Entwurf ist die Abschaffung der Ehe. Auch aus feministischer Sicht wird teilweise bezweifelt, daß dies im Sinne des Menschen sei. Um dem Anspruch Platons gerecht zu werden, einen Staat entworfen zu haben, der nicht ausschließlich als bloß idealer Entwurf gedacht war, sondern auch als teilweise realisierbares Konzept, sollen im folgenden einige Statistiken und Entwicklungen betrachtet werden. Diese werden in der oft sehr theoretisch geführten Diskussion um Platons Entwürfe den notwendigen praxisorientierten Blick beisteuern, den die Philosophie als Wissenschaft oft gesondert behandelt oder an die Soziologie verwiesen hat.

Es werden unter anderem Erhebungen des Statistischen Bundesamtes der Bundesrepublik Deutschland über eine Gesellschaft betrachtet, die durch die Entwicklungsmöglichkeiten nach dem zweiten Weltkrieg heute sicherlich zu den exemplarischen Industrienationen unserer Zeit zählt. Beispielhaft sollen an ihr Entwicklungen aufgezeigt werden, die in gleich entwickelten Gesellschaften parallel zu beobachten sind und Auskunft darüber geben können, wie sich der Mensch unter freiheitlich-demokratischen Bedingungen gesellschaftlich und privat einrichtet. Von besonderem Interesse für die vorliegende Untersuchung sei zunächst die Entwicklung bei den Eheschließungen in den letzten fünfzig Jahren, womit das nächste Kapitel begonnen wird.

5. Gegenwartsanalyse der Gesellschaft / Werktranszendente Widerlegung

5.1. Gesellschaftliche Transformation

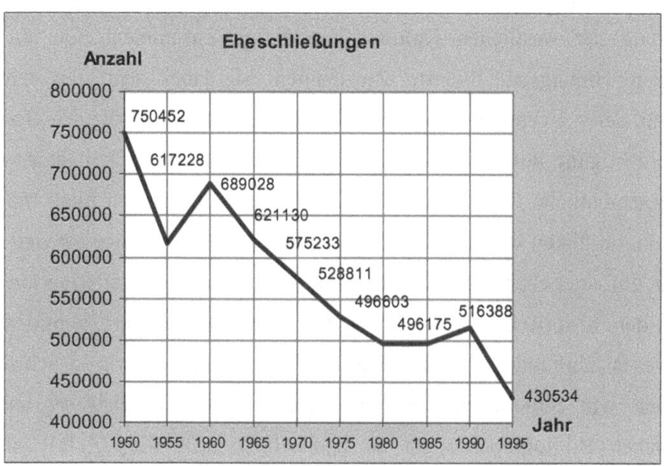

Abb. I [80]

Wie deutlich zu sehen ist, nimmt die Anzahl der Eheschließungen während der zweiten Hälfte dieses Jahrhunderts stetig und drastisch ab. Zum Ende dieses Jahrhunderts gehen circa nur noch die Hälfte der Menschen den Bund der Ehe ein wie noch vor fünfzig Jahren. Unbeachtet kann dabei die Veränderung der Bevölkerungszahl bleiben, die dadurch, daß sie sich im Mittel nicht stark veränderte, die Entwicklung bei den geschlossenen Ehen nicht relativieren kann. Schwankungen, die dem eindeutigen Trend entgegen gesetzt sind, sind konjunkturell zu erklären und relativieren die Gesamttendenz nicht. Diese Entwicklung kann in anderen Industrienationen in ähnlicher Form beobachtet werden.

[80] Quelle: Statistisches Bundesamt (Hrsg.): *Statistisches Jahrbuch 1998*. Wiesbaden 1998, Seite 69.

Die stetige Abnahme der Eheschließungen, gerade im Verlauf der raschen Entwicklung unserer Gesellschaft nach dem zweiten Weltkrieg, mag allerdings auch nicht verwundern. Bei der Einordnung dieser Beobachtung in die allgemeine Entwicklung der westlichen Kultur fallen einige Zusammenhänge auf, die den erklärenden Hintergrund liefern. Zu nennen ist dabei auch die feministische Bewegung, deren eigentlicher Beginn in Kreisen zu suchen ist, die den Gedanken der Gleichberechtigung aufgriffen und diesen weiter verfolgten. Deshalb ist auch eine exakte geschichtliche Datierung erster feministischer Gedanken nicht möglich. Die Diskussion, ob Platon bereits Feminist war oder nicht, beruht, wie im vierten Kapitel dargelegt, auf einer eher unglücklichen Fragestellung, da feministisches Gedankengut nicht mit dem historischen Rahmen von Platons Zeit korreliert. Erst in den siebziger Jahren dieses Jahrhunderts schlägt sich der Feminismus verstärkt in Schriften durch Autorinnen wie Simone de Beauvoir nieder, was beispielsweise anhand von feminstischen Bibliographien gut zu beobachten ist.[81] Kein Zufall sind die in Statistiken vorliegenden Zahlen zu Eheschließungen in der Zeit des feministischen Durchbruchs. Eines der Hauptthemen der ersten Frauenbewegungen waren Gleichberechtigung und das Recht zur Selbstbestimmung. Aufgegriffen wurden traditionelle Ungleichbehandlungen in vielen Rechtsfragen, so im Familienrecht, im Eherecht, im Arbeitsrecht oder bei den generellen beruflichen Aufstiegschancen von Frauen. Doch die ursprünglich an gleichen Rechten orientierte Bewegung entwickelte sich zur generellen Frage nach dem Selbstverständnis der Frau. So erschien im Laufe der Zeit zwar nicht die generelle Forderung nach tatsächlicher Gleichberechtigung bedenkenswert, dafür aber die daraus folgenden Konsequenzen. Denn ist erst eine faktische Gleichberechtigung beispielsweise hinsichtlich des Arbeitsrechts und den Karrieremöglichkeiten für die Frau etabliert, stellt sich die Frage, ob die Frau dadurch nicht einfach dem Mann »angeglichen« wurde. Denn sind ihr die gleichen Entwicklungsmöglichkeiten gegeben wie dem Mann, ist es für sie sinnvoll, auch die gleichen

[81] siehe: Heinz, Marion / Doyé, Sabine (Hrsg.): *Feministische Philosophie. Bibliographie 1970 – 1997*, 2 Bände. Der Autor der vorliegenden Untersuchung war bei beiden Bänden Mitarbeiter der Bibliografie.

Strategien zu verfolgen und somit ein bislang männliches Verhalten anzunehmen. Dies kann aber wiederum eine Diskriminierung darstellen, da die Individualität des weiblichen Geschlechts bei einer umfassenden Gleichberechtigung Gefahr läuft, daß ihr genauso wenig entsprochen wird wie im Zustand der Unterdrückung. Mit dieser Problemstellung ergab sich im Feminismus eine Diskussion, die durch die beiden Forderungen der Frauen nach »Gleichheit« oder »Differenz« charakterisiert ist.

5.2. Feminismus und Individualität

Wichtig für die Gesellschaftsanalyse ist nun, wie sich das Selbstverständnis der Frau im Rahmen des Feminismus vor dem Hintergrund des Individuums verändert hat. So wie das Subjekt im Zentrum des abendländischen Denkens steht, wird das anfängliche Streben der Frau nach Gleichberechtigung immer mehr zur Diskussion ihrer Individualität und Selbstauffassung. Waren feministische Ansätze zu Beginn der berechtigte Angriff auf traditionelle Defizite in vielen Rechtsgebieten, fordern Frauen heute über Gleichberechtigung hinausgehend Sonderrechte ein, deren Ziel es sein soll, ihre Individualität gegenüber dem Mann zu behaupten. So lösen sich Frauen nicht nur von traditionellen Rollen und streben Berufe und gesellschaftliche Positionen an, die bislang nur Männern vorbehalten waren, sondern führen völlig neue Lebensauffassungen ein, die sich bewußt von den männlichen unterscheiden. Hier wird deutlich, wie das Selbstverständnis der Frau von den beiden Positionen »Gleichheit« und »Differenz« bestimmt wird und sich mehr und mehr auf den Status vollkommener Individualität zu bewegt. Dabei bekommt der Faktor gesellschaftlicher »Freiheit« in bezug auf die eigene Lebensgestaltung immer mehr Bedeutung, welcher sich eben der neuen wirtschaftlichen und gesellschaftlichen Möglichkeiten für die Frauen verdankt, wie folgender Bericht der deutschen Presseagentur aus Spanien deutlich macht:

> Ein guter Beruf, ein großer Freundskreis, viele Hobbies, ein erfülltes Liebesleben – welche Frau braucht da noch einen Ehemann? Viele Spanierinnen scheinen inzwischen so zu denken. Jedenfalls ist schon die Rede von einer »stillen Revolution«, wenn es um das Selbstverständnis spanischer Frauen geht. Immer mehr Spanierinnen entscheiden sich, gar nicht erst zu heiraten, sondern ein Leben als Single zu genießen. Und allein 1997 stieg die Zahl der Scheidungen und Trennungen in diesem stark katholisch geprägten Land um ein Drittel auf über 110000. Viele Scheidungen gehen auf die Initiative von Frauen zurück. Die wenigsten geben als Grund Gewalt oder Untreue an. Die meisten haben genug von Ehemännern, die sich nicht an Hausarbeit und Kindererziehung beteiligen wollen. [...] Eine Universitäts-Studie besagt, daß sich die Werte der Spanierinnen verändert haben: Arbeit genieße Priorität. Mutterschaft und Heirat stünden nur noch an fünfter und sechster Stelle.[82]

Neue Lebensauffassungen werden beispielsweise durch diejenigen Frauen etabliert, die nicht nur eine erfolgreiche berufliche Karriere anstreben, sondern gleichzeitig Mutter sind. Der Sonderstatus der Frau hierbei gegenüber dem Mann ergibt sich aus der Tatsache, daß ein Mann entweder als Hausmann oder als berufstätig angesehen wird. Obwohl er als Vater sowohl Familie als auch Beruf haben kann, wird ihm in der Regel die Möglichkeit abgesprochen, beide Rollen umfassend erfüllen zu können. Diese gesellschaftliche Sichtweise hängt wiederum am Dualismus von Gleichheit und Differenz, der auch in Bezug auf die biologische Ebene von Bedeutung ist. Zum einen wird im feministischen Diskurs vor dem Biologismus gewarnt, die Frau zu sehr vom Geschlecht her zu begreifen und bei ihr spezielle Fähigkeiten zu konstatieren, die sie zur Kindererziehung geeigneter erscheinen lassen. Zum anderen aber wird bei vielen anderen Fragen auf biologische Unterschiede rekurriert[83], so daß es nur möglich

[82] Pressebericht der dpa aus dem Jahr 1999.
[83] Es sei an den Mutterschutz erinnert, zu dem kein gleichwertiger »Vaterschutz« existiert.

erscheint, das im feministischen Diskurs thematisierte Selbstverständnis der Frau über die Begriffe »Gleichheit« und »Differenz« hinweg mit dem Schlagwort der »Individualität« zu charakterisieren.

Für die Neubewertung der Frauen- und Kindergemeinschaft soll dies ein wichtiger Aspekt sein, ist mit der Aufgabe traditioneller familiärer Strukturen bei Platon auch ein Selbstverständnis der Frau skizziert, das für die Diskussion dieser Einrichtung aus heutiger Sicht von Bedeutung ist. Die Betonung der weiblichen Individualität spiegelt sich ebenso in der Abtreibungsdebatte wider. Der klassische Einwand der Frauen gegenüber den Abtreibungsgegnern, ihr Bauch gehöre ihnen selbst, zeigt das Ziel der Selbstbestimmung nur allzu deutlich auf. Wie sich die Forderung der Frau auch nach körperlicher Selbstbestimmung im Hinblick auf eine Schwangerschaft gesellschaftlich konkret darstellt, zeigen folgende Zahlen:

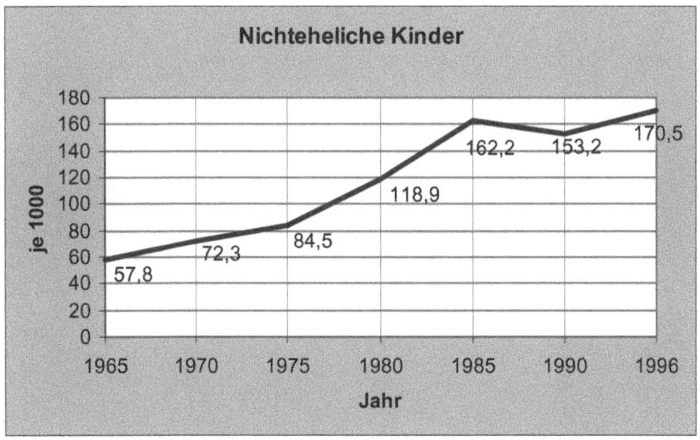

Abb. II [84]

Zu sehen sind die nichtehelich lebendgeborenen Kinder in den letzten dreißig Jahren. Die Werte geben die Anzahl auf je tausend lebendgeborener Kinder an. Wie zu sehen, nimmt die Zahl der nichtehelichen Kinder allein in drei Jahrzehnten um über das

[84] Quelle: *Statistisches Jahrbuch 1998*, Seite 69.

dreifache bei einem fast durchgängig stetigen Anstieg zu, und 1997 betrug der Anteil der allein erziehenden Frauen an allen Familien circa 10%. Wenn einer Studie zufolge gleichzeitig 89% aller jungen Frauen die Berufstätigkeit mit Kindererziehung verbinden will, und der Wunsch nach Kindern häufiger als der nach einer Familie ausgesprochen wird, signalisiert dies die Bereitschaft bei den Frauen, sich ganz von der traditionellen Rolle der Mutter in einer Familie mit Ehepartner zu lösen,[85] was das Streben der Frau nach Selbstbestimmung sehr deutlich werden läßt. Mit den Zahlen der nichtehelich geborenen Kindern korrespondiert die Übersicht der nichtehelichen Lebensgemeinschaften im folgenden.

[85] IBM-Jugend-Studie von 1992, in: Rohlfs, Horst-Hennek (Hrsg.): *Jahrbuch der Bundesrepublik Deutschland*. München: Beck. Jahrgang 1993/94, Seite 49.

5.3. Aufkündigung der Ehe

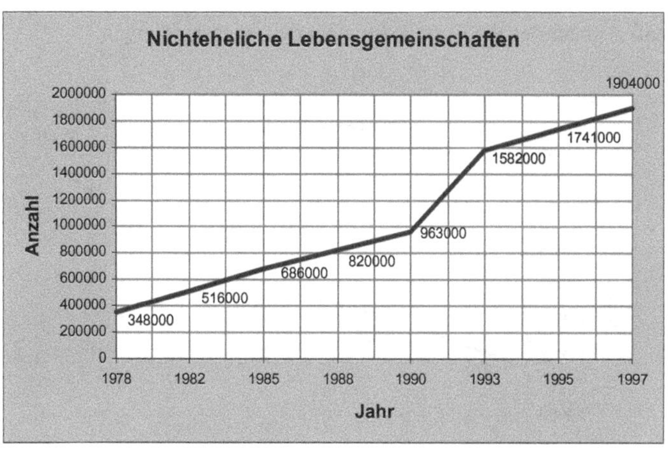

Abb. III [86]

Die Grafik zeigt die nichtehelichen Lebensgemeinschaften in den letzten zwanzig Jahren. Noch deutlicher als der Anstieg bei den nichtehelichen Kindern fällt hier der Anstieg aus. Die Anzahl der nichtehelichen Lebensgemeinschaften nimmt absolut stetig um mehr als das Fünfache zu. In einer Statistik über Lebensgemeinschaften ist damit auch das männliche Geschlecht und sein Einfluß auf die gesellschaftliche Struktur vertreten. Die Übersicht zeigt, wie Mann und Frau gleichermaßen immer mehr die Notwendigkeit der Ehe als erforderlichen Rahmen für die Kindererziehung in Frage stellen. Wird zudem berücksichtigt, daß sich der Anteil der nichtehelichen Lebensgemeinschaften mit Kindern gegenüber dem ohne Kinder in den letzten zwanzig Jahren verdoppelt hat, kann hierin eine eindeutige Entwicklung von der ehelichen Familie hin zur offenen Lebensgemeinschaft gesehen werden. Eine weitere Übersicht macht deutlich, daß in Bezug auf die Ehe als Form des Zusammenlebens

[86] Quelle: *Statistisches Jahrbuch 1998*, Seite 65.

ein gesellschaftliche Neuorientierung stattfindet, die mehr als nur ein Trend ist und für die gesellschaftliche Struktur weitreichende Konsequenzen ankündigt. Betrachtet werden soll als nächstes die Entwicklung bei den Ehescheidungen:

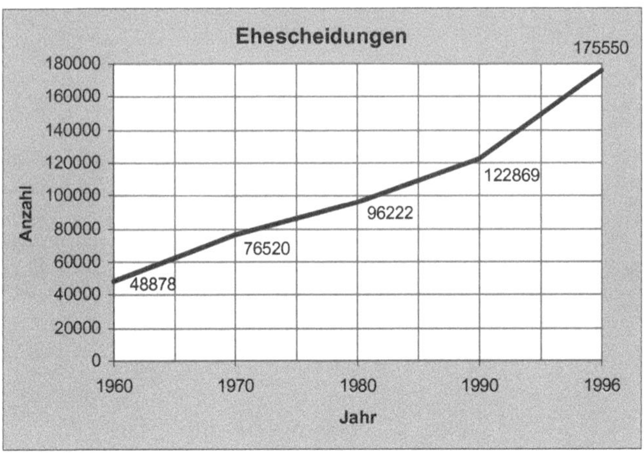

Abb. IV [87]

Zu sehen ist der Verlauf bei der Zahl der Ehescheidungen in den letzten vierzig Jahren. Auch hier zeichnet sich mit aller Deutlichkeit eine Entwicklungsrichtung ab, die sämtlichen bisherigen Erhebungen entspricht. Die Zahl der Ehescheidungen hat sich konsequent bis heute knapp vervierfacht. Diese Entwicklung ist auch in anderen Industrienationen zu beobachten und erregte von allen oben gezeigten Statistiken bislang das größte Aufsehen in der Öffentlichkeit. Denn wird die Ehe gesellschaftlich in Frage stellt, wird der traditionellen Familie dasjenige Fundament entzogen, auf dem sie bislang fußte. Aufgrund dieser Gefahr fehlt es auch nicht an Interpretationsansätzen. Einerseits wird versucht, den immer kritischer werdenden Zustand der Ehe als ein nicht prinzipielles Problem zu deuten. Andererseits ist eine rege Aktivität hinsichtlich der Restauration der Ehe zu verzeichnen. So wurden zahlreiche

[87] Quelle: *Statistisches Jahrbuch 1998*, Seite 77.

Studien und Umfragen in Auftrag gegeben, um den Zustand der angeschlagenen Ehe relativieren zu können. Werden nämlich noch Zahlen zur Zeit der Jahrhundertwende hinzugezogen, ergibt sich im Vergleich zu heute eine sogar zehnfache Steigerung des Scheidungsrate. Wurden 1890 lediglich 0,7 Scheidungen je 1000 bestehender Ehe ausgesprochen, ist es 1987 der über zehnfache Anteil von 8,7 Scheidungen.[88] Das »Institut Frau und Gesellschaft« hat im Auftrag des Bundesministeriums für Familie und Jugend eine Studie durchgeführt, um die Entwicklung bei den Ehescheidungen zu erklären. Ehen sind nach dieser Studie

> »nicht etwa durch den Bedeutungsverlust der Ehe als Institution gefährdet, sondern im Gegenteil durch idealisierte Vorstellungen und überhöhte, unrealistische Anforderungen an die Qualität der Beziehung, die zu einer Überforderung und damit zu einem Scheitern der Beziehung führen können.«[89]

Auch wenn die Beschreibung der aktuellen Lage bei den Ehescheidungen seitens staatlich beauftragter Studien gern in relativierendes Vokabular gekleidet wird, ist das Ergebnis von Studien zu dieser Situation an Objektivität gebunden. Oft wird angesichts der Verzehnfachung der Scheidungsrate in den letzten hundert Jahren lediglich von einem »Anstieg« gesprochen, obwohl es sich, zumindest den Zahlen nach, mehr um eine deutliche Veränderung der gesellschaftlichen Haltung gegenüber der Institution Ehe handelt. Das Ergebnis der oben genannten Studie streitet einen Bedeutungsverlust der Ehe ab und sucht die Ursache in einer generell geänderten Haltung der Partner zu Beziehungen. In der Tat ist es gerade in den Nachkriegsjahren zu einer geänderten Haltung gegenüber dem Zusammenleben gekommen. Waren es nach dem zweiten Weltkrieg die Jahre neuer wirtschaftlicher Möglichkeiten, die auf der Ebene des Konsumverhaltens Veränderungen hervorriefen, begann mit den

[88] Quelle: *Statistisches Jahrbuch.* Beck 1993/94, Seite 44.
[89] aus einer Studie des »Instituts Frau und Gesellschaft« im Auftrag des BMJFFG aus dem Jahr 1990, in: *Statistisches Jahrbuch.* Beck, 1993/94, Seite 44.

Studentenbewegungen und feministischen Vorstößen ein Umdenken der Gesellschaft auf der Ebene der persönlichen Verwirklichung. Was aber resultiert anderes aus geänderter Haltung und Ansprüche der Partner als der Bedeutungsverlust der Ehe? Erweist sich die Ehe als Form des Zusammenlebens in den Augen der Gesellschaft zunehmend als ungeeignet, erfährt sie gerade einen Bedeutungsverlust. Die Studie geht bei ihrer Einschätzung von einer Bedeutung der Ehe an sich aus und übersieht, daß sie, allein in heutiger Zeit schon aus steuerrechtlichen Gründen[90], zu einem großen Teil durch Praxistauglichkeit definiert wird. In einer Gesellschaft, die mehr und mehr ihren Status als Leistungsgesellschaft ausbaut, wird auch die Bedeutung der Ehe im Hinblick auf die Möglichkeiten gesehen, die sich aus ihr ergeben. Wie bereits oben erwähnt, fußt die Familie im traditionellen Sinn auf der institutionell stabilisierten Ehe. Von staatlicher Seite aus existieren für die Ehe gegenüber nichtehelichen Lebensgemeinschaften viele Vorteile. Daß die traditionelle Ehe jedoch auch in den Augen des Staates einen Bedeutungswandel erfährt, zeigen folgende Zahlen. Wurden 1960 von den gerichtlichen Eheklagen noch circa 3000 abgewiesen, waren es 1996 gerade noch circa 300 bei einer Verdreifachung der Anzahl der Klagen insgesamt.[91] Dies zeigt, daß von staatlicher Seite aus das Bestreben abnimmt, auf das eheliche Beziehungsleben erhaltend einzuwirken, da die Bereitschaft der Gerichte steigt, immer mehr Eheklagen zu entsprechen. Auch wenn viele Klagen aus Unrechtbehandlung einem der Partner gegenüber entstehen, ist die starke Zunahme der Klageentsprechungen ein nicht zu übersehendes Faktum. Und werden gleichzeitig in Europa die ersten Ehen zwischen homosexuellen Partnern vollzogen, zeigt dies eine gesteigerte Rücksichtnahme auf die Interessen des Individuums, für das es in den fünfziger Jahren wohl kaum denkbar gewesen sein dürfte, eine homosexuelle Ehe einzugehen und im Rahmen dieser vielleicht sogar noch Kinder adoptieren zu können.

[90] Es sei nur daran erinnert, daß arbeitnehmende Partner, die ihre Beziehung in die Form der Ehe verwandeln, die Steuerklasse wechseln und vor dem Staat steuerliche Vergünstigungen erhalten.
[91] Quelle: *Statistisches Jahrbuch 1998*. Seite 77.

5.4. Das Subjekt im Wandel der Familie

Der Umbruch beim partnerschaftlichen Verhalten verdankt sich, wie die bisherige Analyse gezeigt hat, einer Konzentration des Individuums auf sich selbst. Diese wurde auch durch den Strukturwandel der Gesellschaft von der Agrar- über die Industrie- zur Dienstleistungsgesellschaft mit einem hohen Wohlstandsniveau ermöglicht.[92] Das faktische Durchsetzen der Gleichberechtigung der Frau im Aufbruch der feministischen Bewegung charakterisiert die allgemeine gesellschaftliche Entwicklung der letzten dreißig Jahre, mit dem Blick auf die Selbstbestimmung und Selbstverwirklichung des Subjekts. Sicherlich war das Etablieren der Gleichberechtigung ein eindeutiger Geschlechterkampf, bei dem die Rollen traditionell verteilt waren. Doch in der Abtreibungsdiskussion zeigt sich, daß es natürlich nicht um eine Gleichschaltung der Frauen geht. Es geht vielmehr darum, jeder Frau auf der Basis einer Gleichberechtigung dem Mann gegenüber die individuelle Freiheit zu gewährleisten, die der Mann in unserem Kulturkreis schon vor ihr hatte. Die Entscheidung für oder gegen ein Kind soll genauso individuell getroffen werden können, wie die für oder gegen die Zeugung eines Kindes.

Die damalige Bundesregierung leitete 1993 aus einer Untersuchung mit 10000 Personen im Alter von 10 bis 55 Jahren ab, daß die meisten Familien in Deutschland noch intakt seien.[93] 64% der in der Untersuchung berücksichtigten Personen seien verheiratet, in erster Ehe lebten davon 92%. Und mehr als 85% der Kinder blieben bis zur Volljährigkeit im Elternhaus. Sicherlich wäre es interessant zu erfahren, welche Grenzwerte im Hinblick auf diese Studie seitens der Regierung angenommen wurden, ab der der Zustand der deutschen Familien als nicht mehr intakt eingestuft worden wäre. Denn es ist eine äußerst schwer entscheidbare Frage, wieviel Prozent der Bevölkerung verheiratet zu sein hat, damit dies als Zeichen gewertet werden darf, daß die Familien intakt seien. Abgesehen davon, daß die Interpretation dieser Zahlen problematisch ist, müssen solche Zahlen stets im Rahmen der Entwicklung gesehen

[92] *Statistisches Jahrbuch.* Beck 1995/96, Seite 4.
[93] *Statistisches Jahrbuch.* Beck 1992/93, Seite 25.

werden, in der sie stehen. Und die Entwicklung bei den Familien während der letzten Jahrzehnte stellt sich wie folgt dar:

> In den zurückliegenden Jahrzehnten hat sich die Familie als Lebensform und soziale Institution tiefgreifend gewandelt. Lebensformen wie alleinerziehende Mütter oder Väter bzw. Stieffamilien nehmen an Bedeutung zu (bereits 10% aller Kinder unter 18 Jahren wachsen in Stieffamilien auf). Alleinerziehende machen etwa 13% aller Familien aus. Ehescheidungen liegen mit steigender Tendenz bei einem knappen Drittel der Eheschließungen. Einpersonen-Haushalte (Singlehaushalte) nehmen zu und erreichen in Ballungszentren Anteilswerte von über 50%. Die Kinderzahlen sind rückläufig und die nichtehelichen Lebensgemeinschaften gewinnen an Boden.[94]

Trotz der relativierenden Darstellungen durch die Bundesregierung scheint eine deutliche Besorgnis um die zukünftige Entwicklung der Familie zu bestehen. So erschien erst kürzlich eine Sonderausgabe der Zeitschrift *Zeitlupe*, die von der Bundeszentrale für politische Bildung herausgegeben wird, ausschließlich zum Thema »Familie«.[95] Ein Blick in das Inhaltsverzeichnis dieses Sonderheftes macht klar, worum es der Bundeszentrale für politische Bildung geht. Kapitel mit Überschriften wie »Familie – was ist das?«, »Familie heute« oder »Erziehen – aber wie?« zeigen zum einen die Intention einer aufklärenden Haltung. Im öffentlichen Verständnis besteht bezüglich des Begriffs der Familie sicherlich so gut wie keine Definitionsnotwendigkeit – dennoch formuliert die Bundeszentrale ihren eigenen Familienbegriff. Es wird ganz konkret artikuliert, daß die Familie »keineswegs von gestern sei«. Der Wandel der Familie, der eher einem Zerfall der traditionellen Familie gleichkommt, wird hier positiv gewendet und als »vielfältig und immer in

[94] *Statistisches Jahrbuch.* Beck 91/92, Seite 28.
[95] Bundeszentrale für politische Bildung (Hrsg.): *Zeitlupe*. Bonn 1999, Heft 37.

Bewegung« charakterisiert.[96] Mit diesem fast philosophischen Verständnis des Familienbegriffs, der, platonisch gefaßt, seine Einheit durch die Vielheit seiner Erscheinungsweisen gewinnt, ist die aktuelle gesellschaftliche Situation mit dem traditionellen Vokabular beschreibbar: Die Familie als nach wie vor von gesellschaftlicher Bedeutung, nur in anderen Formen. Doch die Existenz von Aufklärungsschriften speziell zum Thema »Familie« verraten die Unruhe in den entsprechenden politischen Zuständigkeitsbereichen. Denn neben der bloß informierenden Funktion sind andererseits stark pädagogische Töne zu vernehmen, da konkrete Richtlinien zu Erziehungszielen aufgezeigt werden. Die quasi sokratische Belehrung scheint trotz der »Privatsache« Erziehung wieder an Bedeutung zu gewinnen, anders können solche Projekte einer Bundeszentrale nicht erklärt werden. Denn insgesamt kann eine noch so neu gewendete Auffassung der Familie die aktuelle Situation nicht leugnen. So wird auch im genannten Familien-Sonderheft der *Zeitlupe* aufgezeigt, daß »die Familie manche der Funktionen eingebüßt hat, die sie früher einmal besaß«, und daß »das heutige Erscheinungsbild der Familie ... stark durch die Tendenz zur Kinderlosigkeit geprägt« wird.[97]

Wie sehr sich die Gesellschaft vom familiär orientierten Denken weg bewegt, zeigen auch Haltungen in der Wirtschaft. So wird in Studien neuerer Zeit immer deutlicher, daß sich im Hinblick auf den Wohnungsmarkt »soziale Benachteiligung von Familien mit Kindern ... bei der Verteilung der Wohnchancen zeigt. Die schlechtesten Wohnbedingungen wurden bei jungen Familien mit Vorschulkindern angetroffen.«[98] Der Soziologe Anthony Giddens, Leiter der renommierten London School of Economics, sieht den Wandel der Familie wie folgt:

> Die Renaissance der herkömmlichen Familie – lebenslange Partnerschaft, Vater Ernährer, Mutter Hausfrau, Kinder als „raison d'être" der Ehe – hat in demokratischen Gesellschaften keine Chance mehr. Ohnehin ist das Bild

[96] ebenda, Seite 2.
[97] ebenda, Seite 6.
[98] *Statistisches Jahrbuch.* Beck 91/92, Seite 31.

> von der traditionellen Familie und die Sehnsucht nach ihr eine Idealisierung der Vergangenheit. Diese alte Familienform war überwiegend viel ausbeutender – Gewalt und sexueller Mißbrauch – als irgendwer sich bis vor kurzem vorgestellt hat.[99]

Die eingehende Analyse der Gesellschaft und ihrer Entwicklung in der zweiten Hälfte dieses Jahrhunderts, insbesondere in der Bundesrepublik Deutschland, hat im ganzen folgendes gezeigt. Basierend auf den wirtschaftlich ausgesprochen günstigen Möglichkeiten nach dem zweiten Weltkrieg entwickelte sich die Industriegesellschaft rasch zur heutigen Dienstleistungsgesellschaft.[100] Dabei rückt zunehmend das Individuum und seine Selbstverwirklichung in den Mittelpunkt. Nie standen in dieser Entwicklung dem Einzelnen soviel Freizeit und Freizeitmöglichkeiten zur Verfügung wie heute. Die Dienstleistungsgesellschaft kommt auch darin zum Tragen, daß sich ganze Industriezweige nur dem Freizeitgewerbe verdanken. Und im Hinblick auf die Konsumorientierung ist wieder eine Trend zur Mehrklassengesellschaft zu erkennen, immer mehr Menschen ermöglichen sich dank der vorhandenen geldlichen Mittel den Status einer »Very Important Person«, worin auch hier eine bestimmte Individualisierung zu Tage tritt. Die Ansprüche an die Arbeitsstelle, das Lebensniveau und den Lebenspartner sind gestiegen. Der Bedeutungsverlust der Ehe ist faktisch; aber kein ideologischer, sondern ein pragmatischer. Dies zeigen die betrachteten Erhebungen und Studien eindrücklich. Und parallel zur Ehe hängt die Entscheidung für oder gegen ein Kind mehr denn je von der subjektiven Perspektive auf das Individuum ab: Vereinbart sich ein Kind mit meinen Plänen der Selbstverwirklichung? Und: Wieweit belastet mich ein Kind finanziell? Der individuelle Lebensplan löst die traditionelle Familie ab. Der enorme Anstieg der nichtehelichen Lebensgemeinschaften und die Zunahme der neuen Familienformen, die eigentlich keine Familien mehr sind, zeigen deutlich, in welche Richtung sich die Gesellschaften der Industrienationen auf sozialer Ebene bewegen. Inwieweit lassen sich nun

[99] Anthony Giddens in einem Interview vom 13.4.99 in der *Rheinischen Post.*
[100] vgl. Seite 72.

Parallelen zwischen den Entwürfen Platons und den heute bestehenden Verhältnissen aufzeigen? Erinnern nicht viele der gezeigten Entwicklungen an Dinge, die Platon mit seinem Staatsmodell berücksichtigte? Dieser aspektreichen Frage soll in den folgenden Betrachtungen auf den Grund gegangen werden.

6. Gegenwartsorientierte Wendung des platonischen Entwurfs

6.1. Objektivation als Zeichen der Zeit

Die geleistete Bestandsaufnahme der Gesellschaft hat gezeigt, auf welchen Gebieten Umbrüche stattfinden, die die Struktur der Gesellschaft langfristig verändern werden. Platon thematisiert in seinem Staatsentwurf in der Tat diejenigen Bereiche, die von den Veränderungen in der heutigen Zeit betroffen sind. Mit seinen Ausführungen zu den Aspekten Familie und Kindererziehung thematisiert er grundlegende Problembereiche der gegenwärtigen Gesellschaft. Aufgrund dieser Aktualität zeichnet sich Platon als Autor aus, der trotz der zweieinhalbtausend Jahre, die zwischen ihm und den heutigen Problemstellungen liegen, zentrale Fragen der demokratischen Gesellschaft sieht und behandelt. Ungeachtet des Vorwurfs der Demokratiefeindlichkeit, der Platon in der langen Zeit seiner Rezeption immer wieder angetragen wurde[101], ist seine Aktualität nicht zu übersehen. Sicherlich kann die gleichzeitige Existenz gravierender Unterschiede zwischen der damaligen und heutigen Gesellschaft nicht geleugnet werden. Doch Platons Staatsentwurf fundiert auf der Untersuchung der generellen menschlichen Verfaßtheit, die der ständig präsente Leitfaden seiner Ausführungen ist. Dieser stetige und historisch unabhängige Rekurs auf das menschliche Wesen machen Platons Ausführungen über Familie und Erziehung zu einer gewichtigen Perspektive, deren Aktualität außer Frage steht, wie auch Popper zugeben muß:

> Platons Größe ... liegt vielmehr in der Fülle und der Detailliertheit seiner Beobachtungen sowie in der erstaunenswerten Schärfe seiner soziologischen Intuition. Er sah Dinge, die man vor ihm nicht gesehen hatte und die erst in unserer Zeit wieder entdeckt worden sind.[102]

[101] An Deutlichkeit allen voran findet sich der Vorwurf der Demokratiefeindlichkeit gegenüber Platon bei Karl Popper, wie im dritten Kapitel dargelegt wurde.

[102] Popper: *Der Zauber Platons*, Seite 68.

Platons Aktualität hat nicht nur eine wissenschaftliche Dimension, die ihn als Philosoph und Soziologen mit historischem Weitblick auszeichnet. Darauf aufbauend ist für die vorliegende Untersuchung die Dimension seiner gesellschaftspraktischen Relevanz von Interesse. Wurden die meisten zentralen Vorhaben des platonischen Staates, wie gezeigt, aus den verschiedensten Gründen oft als undurchführbar eingestuft, offenbart der analytische Blick auf die Gesellschaft jedoch Erstaunliches. Im folgenden soll gezeigt werden, wie sich die aktuellen Entwicklungen zu den als »totalitär« verurteilten Plänen innerhalb der *politeia* verhalten.

Partnerschaft

In Bezug auf die Partnerschaft sieht Platon die Aufhebung der Ehe in ihrer bisherigen Form vor. In seinem Staat gibt es keine festen, institutionell besiegelten Partnerschaften mehr.[103] Die faktische gesellschaftliche Entwicklung des partnerschaftlichen Verhaltens der letzten Jahrzehnte ist, wie gezeigt, durch die stetige Abnahme der Eheschließungen gekennzeichnet. Es werden immer weniger neue Ehen eingegangen, dafür nimmt die Anzahl der nichtehelichen Lebensgemeinschaften stetig zu. Auch bestehende Ehen werden mit jedem Jahr mehr geschieden, die Gesellschaft entscheidet sich mehr und mehr gegen die Ehe als Normalform des partnerschaftlichen Zusammenlebens. Eine hypothetische Realisierung des platonischen Staatsmodells käme zu dem Schluß, daß sie im Bereich des partnerschaftlichen Verhaltens keine echte Reform mehr benötigte. Die Gesellschaft hat sich gewissermaßen von selbst einem von Platon vorgesehenen Zustand genähert. Die generelle Aufhebung der Ehe fände in vielleicht zwei Jahrzehnten eine breite gesellschaftliche Zustimmung. Einwände gegen die Aufhebung der Ehe entbehren damit gesellschaftlicher Realität und müssen sich der Fragwürdigkeit stellen. Die Konsistenz des darüber hinaus gehenden platonischen Beischlafverbots für die Generation der Kinderzeugenden ist jedoch nach wie vor ein problematischer Aspekt und bedarf einer gesonderten Betrachtung.

[103] siehe Ausführungen im zweiten Kapitel.

Kinderzeugung

Bezüglich der Kinderzeugung skizziert Platon eine Regelung, die eine Auswahl derjeniger vorsieht, die dazu berechtigt sind, Kinder zu zeugen. Dies hat zum Grund, die Eigenschaften der Kinder selektiv bestimmen zu können, um möglichst vorteilhafte Fähigkeiten durch Vererbung zu erhalten.[104] Wie bereits gezeigt, wird die heutige Entscheidung für oder gegen ein Kind mehr denn je von berechenbaren Faktoren abhängig gemacht. So werden der zeitliche und finanzielle Aufwand eines Kindes ebenso zur Entscheidung herangezogen wie seine Rolle bei der eigenen persönlichen Verwirklichung. Die Kinderzeugung gehorcht mehr und mehr einer genauen Planbarkeit und rekurriert immer weniger nur auf Partnerschaft. Eine Erweiterung dieser Planbarkeit wird in jüngster Zeit durch die künstliche Befruchtung ermöglicht. Durch die Fortschritte der Gentechnik ist es nicht nur möglich geworden, Mutter ohne konkreten Vater zu werden, sondern bestimmte Eigenschaften des Kindes auch selbst wählen zu können.[105] Und die Ankündigung des amerikanischen Genforschers Seed, demnächst das Klonen von Menschen in Betracht zu ziehen, stieß auf reges Interesse seitens vieler Frauen, sich selbst als ihr eigenes Kind fortpflanzen zu können. Die gesellschaftliche Tendenz, für die Kinderzeugung einen immer mehr geplanten Rahmen anzustreben, kommt dem platonischen Vorschlag der »Hochzeiten« zwecks Kinderzeugung sehr nahe. Auch hier werden pragmatische Aspekte herangezogen, so gibt Platon eine Geburtenquote vor, die das Wachstum des Staates kontrollierbar macht und das gesicherte Aufwachsen der Kinder garantiert. Auch hier wird die Kinderzeugung vom Blick auf erwünschte Eigenschaften geleitet. Einwände gegen Platon, die eine gesellschaftliche Bereitschaft zur umfassenden Planung von Kindern in Frage stellen, lassen hier wiederum einen realistischen Blick vermissen. Ein Umsetzungsversuch des platonischen Modells stieße zumindest auf die generelle gesellschaftliche Bereitschaft, die Kinderzeugung verstärkt einem geplanten Rahmen zu unterziehen.

[104] siehe auch zweites Kapitel.

[105] Die Eigenschaften der Samenspender sind bekannt und werden entsprechend berücksichtigt.

Auf den Aspekt der über die Planung der Kinderzeugung hinausgehenden vollständigen Regelung der Nachwuchses bei Platon wird im folgenden eingegangen. In Bezug auf die Erziehung der Kinder schlägt Platon eine gemeinschaftliche Erziehung getrennt von ihren Eltern vor, wobei die Kinder ihre leiblichen Eltern nicht kennenlernen werden. Dies hat den Zweck, daß der Staat zu einer großen Gemeinschaft zusammenwachse, und allen Kindern eine gleich gute, umfassende Erziehung zuteil werden könne. Die aktuelle gesellschaftliche Lage zeigt einen Anstieg der Gesamtschulen, in denen versucht wird, Kinder unterschiedlicher sozialer Herkunft und unterschiedlicher Begabung unter einer Chancengleichheit gemeinsam aufwachsen zu lassen und zu erziehen. Desweiteren besteht auch die Möglichkeit, Kinder dort ganztägig unter pädagogischer Aufsicht verweilen zu lassen. Ebenfalls nimmt das öffentliche Interesse an Kindertagesstätten und Kinderhorten zu, deren Anzahl in den letzten Jahren im Westen der Bundesrepublik deutlich gestiegen ist.[106] Dies verwundert bei einer gleichzeitigen Zunahme der Berufstätigkeit beider Elternteile nicht, entsteht doch ein Bedarf an alternativen Kinderbetreuungen. Das gesteigerte Interesse am eigenen Lebensplan und die daraus geringer werdende Erziehungszeit hat offensichtlich eine Verschiebung der Erziehung aus der privaten in die öffentliche Sphäre zufolge. Es ist eine schwierige Frage, ab welchem Einkommensniveau die Notwendigkeit einer Doppelverdienerschaft wirklich gegeben ist. In diesem Zusammenhang wurde auch der Begriff der »Kinderarmut« in Deutschland diskutiert, der zurecht die Frage nach dem richtigen Maßstab bei der Beurteilung sozialer Verhältnisse auslöste. Platons Ansatz jedenfalls kommt der zu beobachtenden Verschiebung der Erziehung entgegen. Zweifel an der Durchführbarkeit einer von den Eltern getrennten Erziehung ignorieren die aktuellen Entwicklungen, die eindeutig zeigen, daß Eltern verstärkt die Erziehung aus eigener Entscheidung heraus aus der Hand geben. Dies mag sich entweder aus der intensivierten Beschäftigung mit den eigenen Lebenszielen begründen oder aus dem

[106] *Statistisches Jahrbuch.* Beck 1991-96, Kapitel III: Infrastruktur und Bildungswesen.

Ohnmachtsgefühl, der Erziehung aufgrund gesellschaftlicher Einflüsse auf das Kind nicht mehr gewachsen zu sein. Platon gewährleistet mit Hilfe der Frauen- und Kindergemeinschaft eine sichere Erziehung, deren Notwendigkeit außer Frage steht. Der Soziologe Giddens schlägt in Bezug auf die zunehmende Unwilligkeit der Eltern, einen Großteil der Erziehung allein zu tragen, folgendes vor:

> Mein oberstes Prinzip für eine neue Familienpolitik lautet: Kinder zuerst. Wir müssen Maßnahmen verabreden, die sicherstellen, daß Eltern sich um ihre Kinder kümmern, bis sie erwachsen werden. ... Ich kann mir zum Beispiel vorstellen, daß per Vertrag jedes Kind bei seiner Geburt das Recht bekommt, von beiden Elternteilen unterstützt zu werden. Aber auch andersherum sollte für die Zukunft gelten, daß Kinder sich mehr um ihre alten Eltern zu kümmern haben.[107]

Giddens schlägt im Grunde eine staatliche Steuerung vor, die den Kindern per Vertrag eine umfassende Erziehung garantiert. Es gab Zeiten, in denen der Vorschlag, die Kindererziehung vertraglich zu regeln, als absurd und ohne haltbaren Boden abgewiesen worden wäre. Heute ist ein derartiger Vorschlag die Stellungnahme eines angesehenen Soziologen und angesichts der Probleme, die im Bereich des Erziehungswesens zu konstatieren sind, eine wichtige Innovation. Doch nicht viel anderes ist bei Platon zur Frauen- und Kindergemeinschaft zu lesen, die primär eine Einrichtung für die nächsten Generationen und ihre Erziehung darstellt. Und selbst der Vorschlag Giddens' nach einer stärkeren Altersversorgung der Eltern durch die Kinder erinnert an die Stellung der ehrwürdigen Alten in Platons Staat. Sicherlich unterscheiden sich die Reformprogramme Platons und Giddens' darin, daß bei Giddens die private Familie bestehen bleiben soll, während sie bei Platon aufgehoben wird. Dennoch geht der Ruf nach Reformen bei beiden in dieselbe Richtung. Platons Konzept der Frauen- und Kindergemeinschaft von vorne herein als realitätsfern und

[107] Anthony Giddens im Interview vom 13.4.99 in der *Rheinischen Post*.

undurchführbar abzuurteilen, disqualifiziert Einwände dieser Art als ignorant gegenüber der allgemeinen gesellschaftlichen Entwicklung.

Die Zeichen der Zeit machen also nicht nur deutlich, wohin sich die Gesellschaft bei der Familienentwicklung bewegt. Sie zeigen auch, wie gesellschaftlich den wichtigsten Aspekten der platonischen Reform bereits entgegengekommen wird, ohne daß gezielt darauf hingearbeitet worden wäre. Daß sich die gesellschaftlichen Verhältnisse in den führenden Industrienationen einmal von selbst den kritisierten Punkten in Platons Entwurf nähern würde, attestiert der Kritik an Platon soziologische und philosophische Kurzsichtigkeit. Die Gegenwartsanalyse bescheinigt der Kritik das Unvermögen, in Platons Ausführungen historisch übergreifende Thesen und Ansätze zu finden, die sich nicht nur auf den Vergleich mit totalitären Staatssystemen beschränken. Die Positionierung von Platons Entwurf in die Reihe utopischer, gescheiterter und geächteter Staatsversuche beinhaltet zwar die nötige Vorsicht bei der Beurteilung von Staatskonzepten, die durch die Erfahrung in Diktaturen und ähnlichen totalitären Systemen gewonnen wurde. Jedoch ist dieser typologische Vergleich Platons mit solchen Systemen unwillig, seinem Entwurf etwas anderes abzugewinnen außer zeitgenössischer Bezüge oder historisch begründeter Warnungen. Sicherlich stehen der Prüfung auf eine vollständige Praxistauglichkeit von Platons Entwurf gravierende historische Unterschiede entgegen. Aber nie darf vergessen werden, daß es sich bei der Schrift *politeia* um ein philosophisches Werk handelt, das aus zweierlei Gründen den Anspruch auf historisch unabhängige »Objektivität« und Aussagekraft erhebt, worauf bereits im dritten Kapitel hingewiesen wurde. Zum einen wird mit der Staatsschrift im Hauptmotiv das menschliche Wesen selbst untersucht. Und dieses ist im Sinne Platons ungeachtet der Leistungen der Vernunft im geschichtlichen Verlauf als historisch konstant anzusehen. Zum anderen erhebt das gesamte Vorhaben, den »besten Staat« zu entwerfen, Anspruch auf Allgemeingültigkeit, da Platons Wahrheitsbegriff unhistorisch und epochenübergreifend war. Aus dem philosophischen Selbstverständnis von Wahrheitsliebe und Wahrheitsstreben heraus ist also das Modell des »besten Staates« als ein immer gültiges konzipiert.

6.2. Musischer Raum für das Individuum

Angesichts der vielen Parallelen zwischen der heutigen Konstitution der Gesellschaft und dem antiken Entwurf eines »besten« Staates dürfen bestehende Differenzen dennoch nicht außer acht gelassen werden. Primär darf nicht übersehen werden, daß heute trotz Verlagerung der Erziehung die individuelle Bindung zum Kind noch besteht, während sie bei Platon durch das Aufgeben der Familie aufgehoben wird. Diese individuelle Beziehung zum Kind wird zwar mehr und mehr zur funktionalen Beziehung, da Kinder, wie gezeigt, mehr als ein Teil der eigenen Selbstverwirklichung aufgefaßt werden. Aber gerade hierin ist ein konzeptioneller Unterschied zwischen Platon und der Gesellschaft der Gegenwart zu finden. So möchte Platon gerade mit seinem Konzept der Privatbesitzlosigkeit das Individuum bei der Frage nach dem »besten Staat« ausblenden, was seinem Modell eben den Vorwurf des totalitären Systems einbrachte.

In der Tat stellt sich die Frage, ob trotz der dargelegten Annäherung der Gesellschaft an das platonische Konzept der sozusagen »letzte Schritt« gesellschaftlich umsetzbar wäre: Ist die Verlagerung der Erziehung gerade durch die Konzentration auf das Individuum motiviert, erscheint es widersprüchlich, Platon folgend das Individuum bei der Kinderfrage auszublenden und diese ganz in die Hände des Staates zu legen. Denn mit dem Bereich der Kinderzeugung und Erziehung hängt schließlich nicht nur traditionell, sondern auch biologisch und psychologisch der von Liebe und Partnerschaft zusammen. Und dieser Bereich wiederum thematisiert das menschliche Wesen, um das es Platon ursprünglich in seiner Staatsschrift geht, wenn die Frage der seelischen Verfassung des Menschen geklärt werden soll. Es ist fraglich, inwieweit mit dem Verzicht auf private Kinder und die Einführung einer staatlichen Kontrolle des Zeugungsaktes dem menschlichen Wesen entsprochen wird. Auch droht Platon zusätzlich, sich mit diesen Vorhaben in Selbstwidersprüche zu begeben. So ist zu fragen, welchen Stellenwert der Bereich des »Zeugens« für das menschliche Wesen allgemein hat. Und mit Platon selbst wird in anderen seiner Schriften schnell klar, wie grundlegend das »Zeugen« für die Bestimmung des menschlichen Wesens in vielerlei Hinsichten ist. So spielt im *symposion* das Zeugen mit Blick auf den Eros eine wichtige Rolle.[108] In diesem sicherlich eines seiner bemerkenswertesten Werke huldigt Platon in den verschiedenen Reden der Gäste eines antiken Gelages dem Halbgott Eros. Es wird erörtert, daß Eros in seiner Mittelstellung zwischen schön und häßlich, sprich unsterblich und sterblich, die vollkommene Schönheit und damit Unsterblichkeit anstrebt. So weiß Eros zwar von der Schönheit, besitzt diese aber nicht. Die von ihm angestrebte Unsterblichkeit zeichnet sich durch zwei Momente aus: Zum einen ist sein Ziel die Konservierung des Zustands der Schönheit, wenn er sie erreicht; zum anderen macht ihn sein Streben nach Unsterblichkeit schöpferisch und gleichzeitig unsterblich: darin, daß er ewig schöpft, liegt das Moment seiner Unsterblichkeit. So stiftet Eros den Menschen Muse und wirkt darin einerseits intelligibel, er zeugt Kunst, und andererseits leiblich, er zeugt Kinder. Für die Menschen bedeutet das, daß Eros im Zeugungsakt anwesend und eudaimonia ist. Die generative Unsterblichkeit deutet sich im griechischen aion an, das zugleich »Ewigkeit« und »Rückenmarksaft« bedeutet, womit die enge Verbindung von sexueller Zeugung und ewiger Generierung deutlich wird. Somit hat die gesamte kinderzeugende Generation einer Gesellschaft am Eros teil. Platons staatliche Reduktion des Zeugungsaktes auf einige Auserwählte und wenige Momente widerspricht aber der Bedeutung des Eros, die ihm im *symposion* zugesprochen wird. Er verwehrt Vielen seines »besten Staates« den Akt des Zeugens und damit die Teilhabe am leiblich schöpferischen Eros, der jedoch im *symposion* als fundamental für die Glückseligkeit aufgezeigt wurde. Doch der aufgezeigte Widerspruch in Bezug auf das Zeugen ist allerdings weit davon entfernt, Platons gesamtes Vorhaben in Frage zu stellen. Wie im dritten Kapitel erörtert, ist der platonische Staatsentwurf offen zu lesen, zumal wenn es um eine Einschätzung dieser antiken Schrift hinsichtlich heutiger Verhältnisse geht.

Die offenere Lesart läßt nach dem gezeigten Selbstwiderspruch bei Platon hinsichtlich des Rolle des Zeugens die Formulierung einer weiteren Parallele zu. So

[108] vgl. dazu auch Cavarero, Adriana: *Platon zum Trotz*. Berlin 1992. Cavarero führt aus, wie Platon bei der Thematisierung der Geschlechtlichkeit im *Symposion* einen zweischneidigen und problematischen Weg geht, da die männlich-homosexuelle Liebe von der heterosexuellen differenziert wird.

steht der Mensch nicht nur im Zeugungsakt der Muse insofern nah, daß er sich der Kunst der Liebe annimmt und durch Eros zum indirekten Schöpfer eines neuen Lebens wird. Vielmehr bestand generell die alltägliche Haltung des antiken Menschen, sofern er Edelmann war, aus einem besonderen Verhältnis zur Muse. Er begriff sein Leben von der Freiheit her, nicht arbeiten zu müssen, da Arbeit allgemein im antiken Verständnis als Sklavendienst aufgefaßt wurde. Der antike Bürger der Polis hatte demnach die Muße, sein Leben kunstvoll zu gestalten. So waren beispielsweise ganztägige Aufenthalte bei Aufführungen von Tragödien möglich, die gemäß ihren kultischen Wurzeln einen ganzen Sonnenlauf dauerten. Das antike Leben eines Bürgers – nach heutigem Verständnis – war gewissermaßen an der Muße orientiert, nicht an der Arbeit. Doch beispielsweise zu Beginn des Industriezeitalters stellte sich das Verhältnis der Zeit, die für den Lebensunterhalt gearbeitet und investiert werden mußte, und der restlichen freien Zeit, der sogenannten Freizeit, genau umgekehrt dar. Gerade der Mensch der frühen Industriegesellschaft begriff sein Leben von der Arbeit her, die nur wenig freie Zeit zur Muße zuließ. In der heutigen Dienstleistungsgesellschaft nimmt wiederum die Bedeutung der freien Zeit zu, wie die bisherige Analyse belegte. Mit dem Streben nach Selbstbestimmung und Selbstverwirklichung nimmt die Freizeit gegenüber der Arbeit nicht nur zeitlich an Bedeutung zu. Es ist generell eine verstärkte Orientierung an außerberuflichen Verwirklichungsmöglichkeiten zu beobachten, wie das Wachstum der sogenannten Freizeitindustrie eindrücklich zeigt. Mit der zunehmenden Übergabe der Kindererziehung in öffentliche Hände eröffnen sich Eltern neuen Freiraum für sich selbst. Gesellschaftlich ist damit auch im Bereich der Lebensgestaltung eine Annäherung an antike Denkweisen zu beobachten, wenn die prinzipielle Bedeutung der »Freizeit« betrachtet wird.[109] Die Eröffnung neuen Freiraums geht mit der Konzentration auf das Individuum einher und stellt einen der Schlüsselaspekte bei der Neubewertung der platonischen Frauen- und Kindergemeinschaft dar. Während

[109] Dabei scheint das Wort »Freizeit« immer problematischer, da die Abgrenzung einer »freien Zeit« von der Arbeitszeit die Arbeit nach wie vor als den Ausgangspunkt der Betrachtung annimmt. Besser wäre eine neue Bezeichnung der Freizeit, die kenntlich macht, daß diese mindestens als gleichberechtigte Dimension des alltäglichen Lebens aufgefaßt wird.

Platon mit seinem Familienkommunismus scheinbar gegen das Individuum operiert, stellt die heutige Gesellschaft das Individuum in den Mittelpunkt, worin sich, wie gezeigt, bestimmte Parallelen zur antiken Lebenshaltung ergeben. Dieses Verhältnis ist allerdings aspektabhängig und kann nicht ohne weiteres als generelles verallgemeinert werden. In der Tat beschneidet Platon in seinem Staatsmodell das Individuum hinsichtlich bestimmter Bereiche. So ist es den Bürgern des Wächterstandes eben untersagt, private Kinder zu zeugen und zu erziehen. Im Sinne einer umfassenden Freiheit des Individuums scheint dies eine große Einschränkung zu sein. Daß aber die heutige Gesellschaft gerade den Bereich der Erziehung mehr unter dem Gesichtspunkt der Pflicht als unter dem eines Rechts betrachtet, zeigen die Entwicklungen bei den Kinderhorten und Gesamtschulen. Und daß Platon dieser Entwicklung entgegenkommt, eröffnet der Neubewertung der Frauen- und Kindergemeinschaft einige Perspektiven. Wird gesellschaftlich der Bereich der Erziehung von selbst aus dem Blick des individuellen Lebensplans gerückt, so erschließt Platons staatliches Nachwuchsmodell neuen Raum für das Individuum. Ist der Bürger als Privatperson von der Erziehung befreit, die er selbst, wie gezeigt, immer mehr als Pflicht empfindet, entsteht für ihn ein neuer Raum der individuellen Entfaltung. Hängt die Entscheidung für oder gegen ein Kind heute mehr denn je von finanziellen Abwägungen ab, löst Platons Modell diese Frage mit der Umverteilung der finanziellen Belastung auf die Gemeinschaft, was die Lage des einzelnen Bürgers relativiert. Auch entsteht neuer Raum im Hinblick auf die Zeit. Erfordert ein Kind im Rahmen einer privaten Erziehung zusätzliche Zeit, entsteht durch die Übertragung der Erziehung auf die Frauen- und Kindergemeinschaft neuer zeitlicher Freiraum.

Die bisherige Betrachtung der Frauen- und Kindergemeinschaft eröffnete erstaunliche Perspektiven und Parallelen zur Gegenwart. So ergibt sich als nächstes die Möglichkeit zu einer Modifizierung, um so aus ihrer Gesamtintention konkrete Vorschläge für die gegenwärtige Gesellschaft zu formulieren.

6.3. Die Aufgabe der Verantwortung

Den neuen Raum für das Individuum prüfend, gilt es nun, die doppelte Bedeutung des Wortes »Aufgabe« mit Blick auf »Verantwortung« bei der Kindererziehung zu betrachten. Zunächst meint »Aufgabe« das Aufgeben einer Sache. So gibt das sich selbst verwirklichende Individuum die Sache der Erziehung mehr und mehr auf. Daß ein Kind als Teil des persönlichen Lebensplanes seiner Eltern primär funktional begriffen wird, ist der Anfang des Aufgebens der ursprünglichen Erziehung. Das Kind ist damit nicht mehr durch sich selbst und durch den Gedanken der Erhaltung des Menschengeschlechts bestimmt, sondern fremdbestimmt. Die merkwürdige Entwicklung, einerseits die vollkommene Bestimmung über ein Kind in der Hand halten, andererseits aber seine Erziehung aus der Hand geben zu wollen, charakterisiert das allgemein zu beobachtende Aufgeben jeglicher Verantwortung. Obwohl die geringe Verantwortlichkeit des Einzelnen in kommunistischen Systemen immer ein Kritikpunkt seitens der westlichen Gesellschaft war, ist nun innerhalb dieser selbst eine Tendenz zur bürgerlichen Verantwortungsflucht zu beobachten. Negativ gewendet bedeutet diese eine abnehmende Verantwortungsbereitschaft in allen gesellschaftlichen Bereichen, die unter dem Deckmantel der persönlichen Freiheit agiert. Dabei wird Vieles in Bezug auf die eigenen Interessen bezogen und für das Recht ihrer Wahrung gekämpft. Positiv gewendet bedeutet Verantwortungsflucht aber die zunehmende Erkenntnis komplizierter Aufgabenstellungen und der eigenen Überforderung, gerade im Hinblick auf die Erziehung. In einer Zeit, in der Kinder derartig extrem der alles durchdringenden Flut der öffentlichen Medien ausgesetzt sind, ist die elterliche Resignation vor der Überforderung oft Ausgangspunkt ihrer Verantwortungsflucht. Angesichts des immensen Einflusses der Medien auf Kinder und Jugendliche empfinden immer mehr Erziehende ein Ohnmacht bei der Verfolgung ihrer Erziehungsziele.

Besonders eindrücklich zeigen folgende Beispiele das Problem der elterlichen Verantwortung gegenüber Kindern im Hinblick auf eine sehr subjektive Haltung der Erziehenden. So geht aus Krankenhausberichten hervor, daß zu jedem Jahreswechsel besonders häufig Kinder mit angeblichen Bauchschmerzen eingeliefert werden, und sich nach zwei Tagen Krankenhausaufenthalt herausstellt, daß für die angegebenen Beschwerden faktisch keine Ursache gefunden werden konnte! Genauso wie in diesem Fall Eltern aus subjektiven Motiven heraus – uneingeschränkte Freiheit für die Feierlichkeiten des Jahreswechsels – ihre Kinder unter Vorwänden an die Öffentlichkeit zur Bewahrung übergeben, ist ein generelles Defizit an Aufmerksamkeit Kindern gegenüber zu konstatieren:[110]

> 25 Prozent der Kinder im Alter zwischen dreieinhalb und vier Jahren weisen deutliche Mängel in der Sprachentwicklung auf, weil ihnen die Eltern als Ansprechpartner zu wenig zur Verfügung stehen.[111]

Auch Berichte aus Heimen für autistische Kinder zeigen, daß viele dieser Kinder gar nicht autistisch sind, sondern lediglich von ihren Eltern in der Weise vernachlässigt wurden, daß sich autistische Symptome einstellten.[112] Diese bilden sich unter der Obhut der Betreuung in der Regel schon kurze Zeit nach der Einlieferung wieder zurück. Wie sehr Kinder immer mehr als Objekt aufgefaßt werden, das nach subjektivem Belieben gehandhabt wird, zeigt die aktuelle Entwicklung bei den Erziehungszielen. Im Verlauf der Entwicklung zur Ein-Kind-Familie müssen die Kinder immer mehr den subjektiven Vorstellungen der Eltern entsprechen, was beispielsweise die Berufswahl angeht. Es ist zu beobachten, wie Kinder zunehmend nur der gesellschaftlichen Repräsentation der Eltern dienen. Kirchenberichten zufolge entwickelt sich die Feier der Erstkommunion zu einem materiellen Wettstreit der Eltern, bei dem es darum geht, das Kind am besten eingekleidet und am teuersten beschenkt zu haben. Wie schnell drängt sich doch angesichts dessen die sokratische Warnung vor der materiellen Selbstsucht auf.[113]

[110] Bundeszentrale für politische Bildung (Hrsg.): *Zeitlupe*, Heft 37, Seite 7.
[111] ebenda.
[112] Dem Autor der vorliegenden Untersuchung liegen persönliche Erfahrungen aus Heimen und Kenntnisse dieses Sachverhalts vor.
[113] siehe zweites Kapitel.

Tritt zur heutigen problematischen Situation der Kindererziehung noch der Aspekt hinzu, daß die Eltern selbst angesichts des globalen Werteverfalls Identitätskrisen erfahren, stellt sich die Frage, wer noch eine Erziehung leisten kann, die den Erhalt der Gesellschaft über die nächste Generation hinaus garantiert. Damit aber ist die zweite Bedeutung des Wortes »Aufgabe« zu betrachten. Die weitere Bedeutung einer »Aufgabe« ist die des Auftrags. Im Hinblick auf die Erziehung seien zunächst nur die Ausführenden des Erziehungsauftrages betrachtet, auf die Rolle des Staates als Auftraggeber soll erst im folgenden eingegangen werden. Daß immer mehr Ehepartner nicht nur im Hinblick auf die Erziehung, sondern schon in Bezug darauf unsicher sind, ob sie zu einer lebenslangen Beziehung fähig sind oder nicht, zeigen die Scheidungsraten sehr eindrücklich. Platon greift dieser Unsicherheit im Konzept der generellen Ehelosigkeit vor, wenn auch aus weiteren und anderen Gründen. Die damit verbundene Frage, inwieweit im menschlichen Wesen feste und gar lebenslange Beziehungen als Sozialverhalten angelegt sein mögen, kann hier nicht ausgiebig betrachtet werden. Jedenfalls ist die Stellung des Menschen zwischen Lebenspartner und Mitglied einer Kollektivgemeinschaft neu zu überdenken, kündigt die stetige Zunahme an Alleinlebenden einen Umbruch im gesellschaftlichen Zusammenleben an. Sicherlich wäre der Gang des »letzten Schrittes« zum generellen Verzicht auf private Kindererziehung ein zu großer Schritt, für den es nicht notwendig erscheint, daß er in einem getätigt werden müsse. Aber um der schwierigen und ohne Zweifel wichtigen Aufgabe der Erziehung gerecht zu werden, könnte Platons Forderung nach verläßlichen Erziehenden mehr entsprochen werden. Warum sollten Eltern nicht Rechenschaft darüber abgeben, wie stabil ihr Beziehungsleben einzuschätzen ist, um den Kindern zumindest eine Erziehung durch Vater *und* Mutter zu gewährleisten? Was bei Adoptionen schon Wirklichkeit ist, empfiehlt sich bei leiblichen Kindern angesichts der gesellschaftlichen Entwicklung ebenfalls. Die Gesundheit der sozialen Verhältnisse sollte generell bei Eltern, die Kinder erziehen möchten, in Frage gestellt und geklärt werden, um den drohenden Kollaps des gesamten Erziehungswesens abzuwenden. Interessanter Weise gibt es in diese Richtung bereits reale Vorstöße, die diesen Überlegungen entsprechen. So berichtet die dpa bereits 1996 von einem Verfahren zur Einschätzung heiratswilliger Partner:

> Im Bezirk Lenawee im US-Bundesstaat Michigan können künftig nur Paare heiraten, die eine Eignungsprüfung bestanden haben. Angehende Ehepartner müssen unter anderem in einem 165 Fragen umfassenden Test nachweisen, daß sie zusammen passen. Mit diesem »Ehe-Tüv« wollen die Behörden und Kirchen des Landkreises die Scheidungsrate von 68 Prozent senken.[114]

Diese Eheprüfung wählt einerseits wie die platonische Einrichtung der organisierten »Hochzeiten« die Partner quasi zur Kinderzeugung aus. Sicher steht die Wahl der Partner bei Platon unter anderen Kriterien, aber dennoch wird im Beispiel mit dem Prozeß der Auswahl innerhalb einer freien, demokratischen Verfassung eine staatliche Regelung der Familienbildung realisiert. Andererseits garantiert eine Prüfung der zukünftigen Partner auf Harmoniefähigkeit den Kindern mit hoher Wahrscheinlichkeit eine umfassende und ausreichende Erziehung, die auch für Platon primär ist, was die Einrichtung der Frauen- und Kindergemeinschaft belegt.

Dem platonischen Entwurf der organisierten Hochzeiten kann also in der Tat etwas abgewonnen werden, auch wenn diese Regelung des »besten Staates« in der Rezeption und auch in neuester Zeit immer wieder auf Unverständnis stößt. Wird Platon mehr in seiner Intention verstanden und nicht wörtlich, kommt in der staatlichen Organisation der Paare das Moment der *Wahl* am stärksten zum Tragen. Eine Auswahl der Partner füreinander bedeutet zunächst überhaupt die Existenz von Kriterien bei dieser Wahl. Der Vorteil einer umfassenden Prüfung von zwei Partnern hinsichtlich ihrer Harmonie ist das Moment der Reflexion über sich selbst und die angestrebte Beziehung. Oft genug werden Ehen sehr unreflektiert und aus anderen Gründen als aus Zuneigung und Harmonie eingegangen, was eine möglichst objektive

[114] Pressebericht der dpa aus dem Jahr 1996.

Prüfung der beabsichtigten Bindung bewußt machen oder aufdecken würde. Und bei der Erstellung eines solchen Testverfahrens zur Prüfung der Beziehungstauglichkeit zweier Partner sind die Disziplinen Psychologie und Soziologie gefordert, die in Zusammenarbeit mit der Philosophie sicherlich eine derartige Aufgabe bewältigen könnten.

Hinsichtlich der Familie wäre das Ziel einer Prüfung partnerschaftlicher Harmonie durch folgendes geleitet. Die Idee dabei ist, für ein zukunftsorientiertes Gesellschaftsmodell die Stärken der traditionellen Familie beizubehalten, während ihre prinzipiellen Schwächen gemieden werden.

Die Schwächen der traditionellen Familie beginnen mit ihren Gründern selbst. Wie gesehen, beeinflussen die individuellen Probleme der Eltern die Erziehung der Kinder in beträchtlichem Maße. Die generelle Beeinflussung wäre jedoch nicht das Problem, ist alles Lernen, wie Sokrates betont, doch Lernen durch Nachahmung. Da allerdings negative Einflüsse durch mangelnde Selbstkontrolle der Eltern häufig dominieren, gerät das Prinzip der Nachahmung außer Kontrolle. Werden beispielsweise Neid, Gewalt und Haß vorgelebt und ausgelebt, kann dies für die Entwicklung der Kinder nicht dienlich sein.

Die Stärken der traditionellen Familie liegen sicherlich in der Möglichkeit einer besonders emotionalen Bindung der Kinder zu den Erziehenden. Diese Bindung beginnt mit der leiblichen Elternschaft, die bei Platon, dadurch daß sie verborgen bleibt, auf die gesamte Gemeinschaft projeziert werden kann. Würde im Rahmen eines zukünftigen, platonähnlichen Gesellschaftsmodells die Anzahl der Kinder pro Erzieher in einem Hort möglichst gering gehalten, ist es denkbar, ähnlich starke emotionale Bindungen zwischen Kindern und Erziehenden wie bei der leiblichen Elternschaft zu etablieren. In diesem Zusammenhang sei darauf hingewiesen, daß die heutige Möglichkeit der Adoption an Sympathie gewinnt, worin sich zeigt, daß elterliche Liebe durchaus nicht zwangsläufig leiblich begründet sein muß. Die spätere Suche von Adoptivkindern nach ihren »richtigen« Eltern – leiblich verstanden – findet sich heute natürlich dem Zustand des leiblichen Kind-Seins als Normalzustand gegenüber, der diese Suche damit psychologisch motiviert. Doch wäre, ähnlich dem platonischen Staat, ein Zustand der nichtleiblichen, kollektiven Elternschaft als

Normalzustand anzusehen, würde die Motivation zur Suche nach den leiblichen Eltern zugunsten eines Befindens der Normalität weichen. Und wie gut sich Kinder in Erziehungsgemeinschaften konkret entwickeln, werden die Ausführungen des nächsten Abschnittes zeigen.

6.4. Notwendigkeit einer pädagogischen Reform

Die Einführung eines Prüfverfahrens, das Partner zukünftiger Ehen auf Harmonie hin einschätzt, eröffnet auch in weiterer Hinsicht Ansätze zu möglichen Reformen. Kommt die Harmonieprüfung nicht nur den Partnern selbst entgegen, sondern, wie gezeigt, auch ihren zukünftigen Kindern, bietet sich auch ein Blick auf andere erziehende Institutionen an. Wie auch in der geleisteten Gegenwartsanalyse der Gesellschaft deutlich wurde, gewinnen in heutiger Zeit außereheliche Institutionen bei der Erziehung von Kindern immer mehr an Bedeutung. So verbringen Kinder immer mehr Zeit außerhalb der Familie, hier sei nur an die Möglichkeit erinnert, Kinder in Gesamtschulen ganztägig beaufsichtigen lassen zu können. Wenn schon die Eltern eine besondere Eignung zu Familiengründung und Erziehung erkennen lassen müssen, warum sollte dies nicht auch eigens für pädagogische Institutionen gelten, die, wie gesehen, immer mehr an Einfluß auf Kinder gewinnen? Der derzeit beklagte »Bildungsnotstand« in Deutschland, aber auch im europäischen Ausland, läßt nur allzu deutlich die Notwendigkeit einer näheren Prüfung der pädagogischen Institutionen erkennen. Unter anderem wird im Bildungsnotstand eine zusehends schlechter werdende Ausbildung an Schulen und Universitäten beklagt. Platons Entwurf eines speziellen Erzieherstandes greift im Prinzip solchen Entwicklungen im Bildungswesen vor. Wenn eines der Problemaspekte des Bildungsnotstandes die zunehmend reduzierte Ausbildung der Pädagogen ist[115], kann dies in einem Staatsmodell mit Erziehern als ein Fundament kein Thema sein. Natürlich ist der platonische Erzieherstand zunächst nur auf Modellebene in Bezug auf die heutige Gesellschaft zu betrachten, da zwischen dem »besten Staat« Platons und heutiger Gegenwart, wie gezeigt, konzeptionelle Unterschiede bestehen. Insgesamt sind dennoch Entwicklungen zu konstatieren, die eine Annäherung aus heutiger Sicht an Platons Entwurf zeigen. Wird also Platons Einrichtung des Erzieherstandes nicht

[115] Lehramtsstudenten wird zunehmend ein leistungsorientiertes Studium auferlegt, das auf schnelle Einsatzmöglichkeit als Lehrer drängt und deswegen auch von der Notwendigkeit einer praktischen Ausbildung innerhalb einer Refrendarzeit absieht.

vollständig, sondern nur tendenziell aufgegriffen, bedeutet dies eine Reform des Bildungswesens, deren Notwendigkeit an der aktuellen gesellschaftlichen Situation zu erkennen ist. Demnach bietet es sich an, die gesamte pädagogische Ausbildung zu überdenken. Zukünftige Lehrkräfte sollten schon im Vorfeld auf ihre Eignung als Pädagoge eingeschätzt werden. Eine umfassende Betrachtung ihrer natürlichen Begabungen und Charakterzüge würde einer zu starken persönlichen Färbung und Qualitätsverlusten des Unterrichts entgegenwirken. Dies können unzureichend vorbereitete Unterrichtsstunden aufgrund mangelnden Fleißes oder chaotische Unterrichtsverhältnisse aufgrund fehlenden Durchsetzungsvermögens sein – in einer Zeit von medialer Reizflut und Datenüberfluß wäre eine pädagogisch geleitete Orientierung und Wertevermittlung noch dringlicher als zu Zeiten Platons. Heute jedoch ist die gesellschaftliche Situation gekennzeichnet durch Bildungsdefizite und teilweise völliger Ziellosigkeit im gesamten Erziehungswesen. Leider werden problematische Situationen an Kindergärten und Schulen oft nicht genauer hinterfragt und mit alternativen, antiautoritären Erziehungsstilen in Verbindung gebracht und damit falsch beurteilt. Doch die statistischen Erhebungen über zunehmende Wissenslücken bei Schulabgängern, höhere Gewaltbereitschaft von Jugendlichen und allgemeine Perspektivlosigkeit der heranwachsenden Generation sprechen eine eindeutige Sprache. Platons Weitblick für die Problemaspekte und Gefahren innerhalb der Gesellschaft, die sich allein durch das menschliche Wesen ergeben, legt in heutiger Zeit eine Reform des gesamten Erziehungswesens nahe. Diese begänne bei einer intensivierten Ausbildung der Lehrkräfte, die es besser auszuwählen und auszubilden gelte. Im weiteren sollte der gesellschaftlichen Entwicklung der Familienreduktion entsprochen und eine intensivere Nutzung der außerfamiliären Erziehungsmöglichkeiten angestrebt werden. Die traditionelle Familie steht vor der Auflösung und läuft Gefahr, beim Fortschreiten der gesellschaftlichen Entwicklung keine ausreichende Erziehung mehr leisten zu können. Ausbau und intensivere Nutzung des Erziehungswesens würden dem vorgreifen und die heranwachsenden Generationen vor einem pädagogischen Vakuum bewahren, dessen genaue Auswirkungen schwer abzuschätzen sind. Die generelle Verläßlichkeit außer-familiärer Erziehung wird in aktuellen Studien belegt und insgesamt von der pädagogischen Leistung des Lehrkörpers und der Erzieher abhängig gemacht. So stellt sich die Erziehung in Kinderhorten wie folgt dar:

> Berufstätige Eltern, die ihren Nachwuchs tagsüber in fremde Hände geben, brauchen nach einer amerikanischen Studie kein schlechtes Gewissen zu haben: Ihre in Tagesstätten untergebrachten Kinder könnten sich sprachlich und emotional ebenso gut entwickeln wie Kinder, die zu Hause oder in der Obhut einer anderen Einzelperson aufwachsen. Zu diesem Ergebnis kommt eine Langzeituntersuchung mit mehr als 1300 Kleinkindern in den USA. Gleichgültig wo die Kinder auswachsen, für eine gute Entwicklung sei die »Qualität« der Betreuung Voraussetzung, heißt es in der vom US-Forschungsinstitut für die Gesundheit und die Entwicklung des Kindes (NICHD) in Bethesda (Maryland) finanzierten Studie, die als umfassendste ihrer Art gilt. Dabei sollen die Kinder insgesamt sieben Jahre lang beobachtet und ihre Voraussetzungen für das Schulleben ermittelt werden. Derzeit liegen die Daten der ersten drei Jahre vor. [...] Kleinkinder sind der Studie zufolge trotz Betreuung in einer Tagesstätte oder in einem Hort ihren Müttern ebenso eng verbunden wie Kinder, die nur zu Hause aufwachsen.[116]

Platons Aufhebung der Familie und die Übertragung der Erziehung auf eine eigens dafür vorgesehene gesellschaftliche Gruppierung machen also in Bezug auf gegenwärtige Verhältnisse durchaus Sinn, wenn nur versucht wird, diese Einrichtungen in ihrer Intention zu verstehen. Platon verweist indirekt auf die Probleme, die sich durch die Erziehung in der Familie immer ergeben werden: Zum einen ist die Erziehung stets den persönlichen Problemen der Beziehungspartner ausgesetzt. Identitätskrisen und Auseinandersetzungen zwischen den Partnern sind Konfliktsituationen, die das Kind anders und besser erlernen kann. Zum anderen ist die Familie immer weniger in der Lage, eine ausreichende Erziehung zu gewährleisten. So sind die Eltern selbst im

[116] Pressebericht der dpa aus dem Jahr 1999.

Normalfall natürlich keine gelernten Erzieher; zudem nimmt das Interesse an der eigenen Kindererziehung immer mehr ab – die doppelte Berufstätigkeit und die generelle Konzentration auf das eigene Ich stärken alles in allem die außerfamiliäre Erziehung in ihrer Notwendigkeit.

7. Resümee

Die vorliegende Untersuchung hatte sich folgende Aufgaben gestellt. So waren anhand ausgewählter Positionen typische Aspekte der Kritik am platonischen Staatsentwurf zu demonstrieren. So zeigte sich, daß innerhalb der Platonforschung selbst die differenten Interpretationsansätze für ein uneinheitliches Bild beim Platonverständnis sorgen. Dabei war zu beobachten, daß sich verschiedene Interpretationen nur auf Einzelaspekte bei der Untersuchung des Textes verlassen und damit zu unterschiedlichen und teilweise einseitigen Ergebnissen gelangen. Popper überbewertet die politische Dimension des platonischen Entwurfs und übersieht seinen Bezug zur menschlichen Natur. Teilweise hat es den Anschein, als übersehe er seine eigenen Verweise auf die menschliche Selbstsucht als Ursache gesellschaftlicher Konflikte und stelle dem, dessen ungeachtet, sein Credo der Freiheit entgegen. Platons Entwurf durchweg als Utopie aufzufassen, ist eine andere einseitige Interpretation, wie in der weiteren Darstellung kritischer Positionen zu Platon deutlich wurde. Die Einschätzung der *politeia* als Utopie erkennt zwar ihren zukunftsweisenden Charakter, verkennt aber die enthaltenen realistischen Aspekte. Die feministische Forschung als weitere exemplarische Position hat zu Platon ein gespaltenes Verhältnis, wie der Überblick von Föllinger zeigte. Einerseits wird Platon die prinzipielle Gleichberechtigung von Mann und Frau hoch angerechnet, was die Diskussion um Platons Status als Feminist belegt. Andererseits scheint sich jedoch auf den ersten Blick die Forderung nach umfassender Selbstbestimmung der Frau nicht mit einem Konzept der Privatkinderlosigkeit zu vertragen. Zu zeigen, inwiefern sich beide Aspekte im Rahmen der Frauen- und Kindergemeinschaft doch entgegen kommen, lag in der Aufgabe, eine Neubewertung dieser Einrichtung aus heutiger Sicht zu leisten.

Im Rahmen dieser Neubewertung ergaben sich folgende erstaunliche Perspektiven. So konnte mit Hilfe einer Gegenwartsanalyse der Gesellschaft gezeigt werden, wie sich die allgemeine Entwicklung der familiären Verhältnisse darstellt. Es ist ein gesellschaftlicher Umbruch zu konstatieren, bei dem die Familie ihr traditionelles Erscheinungsbild mehr und mehr verliert. So ändert sich ihre Form von der Mehr-Kind-Familie mit intakter Ehe zur Ein-Kind-Familie und Alleinerziehenden ohne Ehepartner. Die offenen Lebensgemeinschaften gewinnen immer mehr an Bedeutung und verdanken sich dabei gesteigerten Ansprüchen, was sowohl Lebensstandard als auch Beziehungen angeht. Dem Individuum steht immer mehr Freizeit zur Verfügung, die Konsumorientierung nimmt zu und aufgrund einer hohen Erwartungshaltung dem gesellschaftlichen Leben gegenüber werden immer weniger feste Beziehungen eingegangen, da sich scheinbar immer schwieriger der »richtige« Partner finden läßt. Die quasi familiäre Tendenz zur Kinderlosigkeit interpretiert die Bundesregierung als neue Form der Familie, obwohl diese Miniaturfamilien dem ursprünglichen Familienbegriff gerade nicht mehr entsprechen. Die zunehmende Rückbildung der personenreichen Familie einerseits und die verstärkte Ausbildung singulärer Lebensweisen andererseits zeigen eindrücklich die gesellschaftliche Konzentration auf das Ich. Mit den Schlagworten der Selbstbestimmung und Selbstverwirklichung rückt der individuelle Lebensplan in den Mittelpunkt des gesellschaftlichen Interesses. Dabei erfährt das Kind eine Objektivation, es wird zu einem Objekt des individuellen Lebensplanes und wird immer weniger als Lebensziel oder gar als umfassender Lebensinhalt verstanden. Mit dem geänderten Status als eigentlich instrumenteller Aspekt des Lebensplanes wird deutlich, wie das Kind seinen ursprünglich selbstverständlichen Halt in der Familie verliert. Das elterliche Interesse an Kindertagesstätten nimmt zu, und die Gesamtschule mit ihrer Möglichkeit der ganztägigen Betreuung von Kindern hat sich als Schulform längst etabliert.

Das Ergebnis der gesellschaftlichen Gegenwartsanalyse ist somit durchaus bemerkenswert. Mit den aktuellen Entwicklungen im Bereich der Familie nähert sich die Gesellschaft den von Platon vorgesehenen Einrichtungen deutlich an. So hat das Kind bei Platon seinen Platz in der Gemeinschaft, es gehört nicht mehr zu den individuellen Belangen der Bürger. Die Frauen- und Kindergemeinschaft ist die Stätte seines Aufenthalts, da Privatfamilien für problematisch erachtet werden und nicht mehr existieren. Die aktuellen Versuche, mit Hilfe von Tauglichkeitstests den Ehepartnern eine harmonische Familie zu ermöglichen, weisen ebenfalls auf die zunehmende Problematik bei den Privatfamilien hin und lassen sich tendenziell als die Entsprechung platonischer Staatsideen bewerten. Entgegen der aktuellen Konzentration auf den individuellen Lebensplan scheint das Individuum bei Platon jedoch in seinen Möglichkeiten eingeschränkt zu sein. Neben privaten Kindern ist auch privates Eigentum bei Platon nicht vorgesehen. Dem könnte allerdings entgegnet werden, daß der individuell gewonnene Freiraum durch das Abtreten persönlicher Verantwortung für ein Kind die scheinbare Einschränkung durch fehlenden Privatbesitz mehr als kompensiert, wie im vorigen Kapitel dargelegt wurde. Mit dem individuell gewonnenen Raum entspräche Platon somit auch der gegenwärtigen Konzentration auf das Individuum, nachdem sich schon sein Weitblick bezüglich der familiären Entwicklung zeigte. Doch die Intention der vorliegenden Untersuchung bestand keineswegs darin, Platons Entwurf aus heutiger Perspektive in sämtlichen Punkten positiv zu bewerten. Es wurde versucht, grundlegende Aspekte seines Entwurfs als Lösungswege für die Probleme der heutigen Gesellschaft aufzufassen. Platons Warnung vor der Selbstsucht scheint jedoch im Blick auf die gesellschaftlichen Verhältnisse sehr aktuell zu sein. Der kommunistische Charakter der Frauen- und Kindergemeinschaft erscheint nach dem politischen Scheitern des Sozialismus in der heutigen Zeit vielleicht als problematisch. Doch ist in der Struktur der großen Multikonzerne nicht wiederum ein kommunistisches Prinzip zu erkennen, wenn ein einziger Konzern beispielsweise Großteile des Produktangebots bei der Lebenshaltung kontrolliert und dem Bürger keine Alternativen mehr offen stehen? Jedenfalls scheinen gegen diese neue Form des Kommunismus weniger Stimmen erhoben zu werden als gegen den klassischen, da der »neue« Kommunismus offensichtlich als unpolitisch aufgefaßt wird. Im Resümee sind also gegenwärtige Annäherungen an die platonischen Vorstöße festzuhalten, die sich dem Weitblick Platons verdanken. Und im Rahmen ihrer Modifizierung wurden die Möglichkeiten der außerfamiliären Erziehung und die Notwendigkeit einer pädagogischen Reform diskutiert, die sich durchaus als sinnvolle Programmpunkte einer Gesellschaftsreform erweisen könnten.

8. Literatur

Arends, J.F.M.: *Die Einheit der Polis. Eine Studie über Platons Staat.* Leiden 1988.

Baumgarten, Hans-Ulrich: *Handlungstheorie bei Platon.* Stuttgart 1998.

Bundeszentrale für politische Bildung (Hrsg.): *Zeitlupe.* Bonn 1999.

Cavarero, Adriana: *Platon zum Trotz.* Berlin 1992.

Dettenhöfer, Maria H. (Hrsg.): *Reine Männersache? Frauen in Männerdomänen der antiken Welt.* Köln 1994.

Föllinger, Sabine: *Differenz und Gleichheit. Das Geschlechterverhältnis in der Sicht griechischer Philosophen des 4. Bis 1. Jahrhunderts v. Chr.* Stuttgart 1996.

Gaiser, Konrad (Hrsg.): *Das Platonbild. Zehn Beiträge zum Platonverständnis.* Hildesheim 1969.

Gaiser, Konrad: *Protreptik und Paränese bei Platon.* Stuttgart 1959.

Giddens, Anthony: *Die Konstitution der Gesellschaft. Grundzüge einer Theorie der Strukturierung.* New York 1988

Heinz, Marion: »Das metaphysische Fundament der Geschlechterordnung in den Staatsidealen von Platon und Aristoteles«. In: Völger, Gisela (Hrsg.): *Sie und Er. Frauenmacht und Männerherrschaft im Kulturvergleich.*

Heinz, Marion / Doyé, Sabine (Hrsg.): *Feministische Philosophie. Bibliographie 1970 – 1997*, 2 Bde.

Herter, Hans: *Kleine Schriften.* München 1975.

Martin, Jane Roland: *Reclaiming a Conversation. The Ideal of the Educated Woman.* London 1985.

Natorp, Paul: »Genesis der platonischen Philosophie«. In: Gaiser: *Das Platonbild.*

Otto, Dirk: *Das Utopische Staatsmodell von Platons Politeia aus der Sicht von Orwells Nineteen-Eighty-Four.* Berlin 1994. *Philosophische Schriften*, Band 12.

Paul, Jean: *Vorschule der Ästhetik*. Nach d. Ausg. v. Norbert Miller hrsg. Hamburg 1990.

Platon: *Politeia*. aus: Platon: *Sämtliche Werke*, Band V. Insel: Frankfurt am Main 1991. Nach der Übersetzung von Friedrich Schleiermacher.

Popper, Karl: *Der Zauber Platons*. Bern 1957.

Rohlfs, Horst-Hennek (Hrsg.): *Jahrbuch der Bundesrepublik Deutschland*. München: Beck 1993-97.

Roloff, Dietrich: *Platonische Ironie. Das Beispiel: Theaitetos*. Heidelberg 1975.

Statistisches Bundesamt (Hrsg.): *Statistisches Jahrbuch 1998*. Wiesbaden 1998.

Stenzel, Julius: *Platon – der Erzieher*. Darmstadt 1961.

Thurnher, Rainer: *Der siebte Platonbrief. Versuch einer umfassenden philosophischen Interpretation*. Meisenheim am Glan 1975.

Völger, Gisela (Hrsg.): *Sie und Er. Frauenmacht und Männerherrschaft im Kulturvergleich*. Band 1. Köln 1997.

Zeitfracht Medien GmbH
Ferdinand-Jühlke-Straße 7
99095 Erfurt, Deutschland
produktsicherheit@kolibri360.de